Bartolomé Esteban Murillo

Murillo

Vierte Auflage

Bartolomé Esteban Murillo

Murillo
Vierte Auflage

ISBN/EAN: 9783744644167

Hergestellt in Europa, USA, Kanada, Australien, Japan

Cover: Foto ©Thomas Meinert / pixelio.de

Weitere Bücher finden Sie auf **www.hansebooks.com**

Murillo

von

H. Knackfuß

Mit 67 Abbildungen nach Gemälden und Zeichnungen

Vierte Auflage

Bielefeld und Leipzig
Verlag von Velhagen & Klasing
1899

Von diesem Werke ist für Liebhaber und Freunde besonders luxuriös ausgestatteter Bücher außer der vorliegenden Ausgabe

eine numerierte Ausgabe

veranstaltet, von der nur 100 Exemplare auf Extra-Kunstdruckpapier hergestellt sind. Jedes Exemplar ist in der Presse sorgfältig numeriert (von 1—100) und in einen reichen Ganzlederband gebunden. Der Preis eines solchen Exemplars beträgt 20 M. Ein Nachdruck dieser Ausgabe, auf welche jede Buchhandlung Bestellungen annimmt, wird nicht veranstaltet.

Die Verlagshandlung.

Druck von Fischer & Wittig in Leipzig.

Murillo.

Am Neujahrstage 1618 ließ zu Sevilla ein Mann Namens Gaspar Estéban Murillo den Sohn, den ihm seine Ehefrau Maria Perez zum Jahresschluß geschenkt hatte, in der Pfarrkirche St. Magdalena auf die Namen des Apostels Bartholomäus und des Blutzeugen Stephanus taufen. Das ist alles, was man über die Herkunft des gefeierten Malers weiß, dessen Werke zuerst und am weitesten den Ruhm der spanischen Malerei über die Pyrenäen hinaustrugen. Was über sein Leben in alten Nachrichten erzählt wird, dem haben die eingehenden Forschungen unserer Zeit kaum etwas Neues hinzugefügt, außer urkundlichen Nachweisen über die Bestellung und die Entstehungszeit einzelner Werke. Man kann bei Bartolomé Estéban Murillo kaum von einer Lebensgeschichte sprechen. Der Lauf seines Daseins bewegte sich in engem Kreise. Sein Leben war seine Arbeit. Auch das Stoffgebiet, das er bearbeitete, erscheint, wenn man an die Vielseitigkeit von manchen seiner berühmten Zeitgenossen denkt, als ein eng begrenztes; und dennoch war seine Kunst eine vielumfassende: sie blickte hinab in den Alltagsstaub der Gassen von Sevilla und hinauf in lichterfüllte Himmelshöhen, die sich nur dem frommen Glauben erschließen, sie gestaltete das Gewöhnlichste wie das Unfaßbarste mit der gleichen Meisterschaft.

Neigung und Beruf zur Malerei müssen sich bei dem Knaben Bartolomé Estéban früh zu erkennen gegeben haben. In seinem zehnten Jahre verwaist und gänzlich mittellos, wurde er von seinem Vormund zu dem Maler Juan de Castillo in die Lehre gebracht. Das Bildermachen war damals in Spanien ein Erwerbszweig, der so gut wie ein anderer seinen Mann rechtschaffen ernähren konnte. Juan de Castillo war kein großer Künstler; er gehörte zu den vielen, welche das Heil der Kunst darin erblickten, daß die Formensprache der Italiener, die „gute Manier," mit mehr oder weniger Handwerksgeschick nachgeahmt wurde. Den jungen Murillo beschäftigte er mit der Anfertigung von sogenannten Sargas, bemalten Tüchern, welche als Wandbekleidungen statt der Teppiche, als Vorhänge, als Schiffsflaggen und dergleichen gebraucht wurden. Derartige Arbeiten galten als ein Mittel, den Anfängern „die Hand zu lösen." Und gewiß mit Recht; denn die Art ihrer Ausführung, mit Leimfarben auf ungrundierter Leinwand, gestattete nicht das Anbringen nachträglicher Veränderungen und Verbesserungen, es war darin also ein Übungsmittel von nicht hoch genug zu schätzendem Wert gegeben. Man hat keinen Grund, die Verdienste, welche der Lehrer Murillos sich um dessen erste Ausbildung erworben, gering anzuschlagen. Jedenfalls brachte er demselben eine bedeutende Handfertigkeit bei.

Im Jahre 1639 siedelte Juan de Castillo nach Cadiz über. Der junge Murillo blieb gänzlich sich selbst überlassen und mußte zusehen, wie er es ermöglichen sollte, sich Brot vom Tag zum Tage zu verschaffen. So stellte er denn seine Begabung in den Dienst der allerbescheidensten Kunstansprüche und malte billige Ware für die Händler, welche auf den Messen Andachtsbilder zu Markte brachten. Es ist nicht zu verwundern, daß spätere Zeiten sich bemüht haben, Bilder Murillos aus diesem ersten Abschnitt seines Lebenswerks zu entdecken. Jene Marktware konnte natürlicherweise nur ein ver-

Abb. 1. Bartolomé Estéban Murillo.
Gemalt von Don Alonso Miguel de Tobar, angeblich nach einem verschollenen
Selbstbildnis des Meisters, im Pradomuseum zu Madrid.
(Nach einer Originalphotographie von Braun, Clément & Cie. in Dornach i. E. und Paris.)

gängliches Dasein haben. Aber es ist ja auch nicht ausgeschlossen, daß er ab und zu einmal einen besseren Auftrag gegen bescheidenen Lohn bekam. Überlieferung und Vermutung haben mehrere Bilder dieser Art bezeichnet, die zum Teil sich noch in Sevilla befinden, zum Teil nach anderen Orten verstreut worden sind. So wird im Museum zu Cadiz ein Gemälde, welches die heilige Anna mit Maria und dem Christuskind darstellt, als Jugendwerk Murillos gezeigt. Es ist ein Bild von trübem und schwärzlichem Ton, aber nicht ohne künstlerischen Reiz in Bezug auf die Anordnung der Gruppe und die Verteilung von Hell und Dunkel. Wenn dieses Bild wirklich ein Überrest aus jener Frühzeit Murillos sein sollte, so würde die geringe Meinung, welche seine Mitschüler bei Juan de Castillo von seiner Begabung gehabt haben sollen, nicht ganz gerechtfertigt erscheinen.

Einer dieser ehemaligen Mitschüler war es, dem Murillo die entscheidende Wendung in seinem Leben verdankte. Pedro Moya — so hieß der junge Mann — war mit den Soldaten nach Flandern gezogen, er hatte dort das frische und gesunde Kunstleben kennen gelernt, das so unabhängig war von der italienischen „guten Manier" des verflossenen Jahrhunderts, er hatte sich von den Niederlanden aus nach England begeben und rühmte sich, mit dem bewunderten van Dyck persönlich bekannt geworden zu sein. Nach Sevilla zurückgekehrt, erzählte er seinem Schulfreund von all den Wundern der Kunst, die er gesehen, und er unterdrückte gewiß nicht die Bemerkung, wie unendlich altmodisch ihm alles, was man in Sevilla malte, vorkäme. Nach dem Anhören von Moyas Schilderungen ertrug Murillo den Gedanken nicht länger, in ausgetretenem Geleise wandelnd, in der Nacht der Vergessenheit versinken zu sollen. Er wollte die Malweise der Fürsten der Kunst kennen lernen, am Anblick ihrer Werke sich schulen und dann weiterstreben zum Höchsten. An eine Reise nach den Niederlanden konnte er freilich bei seiner Mittellosigkeit nicht denken. Aber auch in Madrid befanden sich ja in den Schlössern des Königs zahlreiche Gemälde der besten Meister. Und in Madrid lebte ein Sevillaner, Don Diego Velazquez, in der angesehenen Stellung eines Hofmalers Seiner Majestät; der würde sich des Landsmannes und Kunstgenossen gewiß annehmen. Die Mittel zu einer Reise nach Madrid mußten beschafft werden, dann sollte alles andere sich schon finden.

Murillo bedeckte eine große Leinwand mit einer Menge kleiner Erbauungsbildchen,

Abb. 2. Der heilige Diego die Armen speisend.
Gemälde aus dem Franziskanerkloster zu Sevilla, jetzt in der Akademie S. Fernando zu Madrid.
Übersetzung der Unterschrift:

Dem armen Darbenden giebt Diego Speise,
Er läßt sich geben, daß der Arme esse;
Der Arme ißt, und Diego nimmt befriedigt
Auf seine Rechnung alle Schuld des Dankes.

Er sieht im Armen Gott, aus seinem Herzen
Bringt Nächstenliebe Gott ihr duftend Opfer.
Nach in Werkthätigkeit verbrachtem Leben
Erfreut der Heilige sich der Himmelskrone.

(Nach einer Originalphotographie von Braun, Clément & Cie. in Dornach i. E. und Paris.)

für die er in den Unternehmern, welche Schiffe nach den Niederlassungen jenseits des Weltmeers befrachteten, Abnehmer suchte und fand. So wanderten Murillos Erzeugnisse mit den Indienfahrern nach Südamerika, und er wanderte auf weiter Straße, durch die Felsenwildnis des Scheidegebirgs zwischen Andalusien und Castilien und über das eintönige Hochland der Mancha nach Madrid. Das war im Jahre 1643.

Der große Velazquez nahm den lernbegierigen jungen Mann, der im Alter von 25 Jahren das Studium sozusagen von neuem beginnen wollte, mit Wohlwollen auf. Er verschaffte ihm die ersehnte Gelegenheit, die im Besitz des Königs befindlichen Gemälde zu studieren und in den Werken der Tizian, Rubens, van Dyck, Ribera eine neue Welt der Malerei, die Kunst der Farbe, vor sich aufgehen zu sehen. Er gab ihm Ratschläge, heißt es; als besten vermutlich den nämlichen, den zweitausend Jahre früher der Altmeister von Sikyon dem Lysipp gegeben hatte: Du fragst, welcher Künstler das beste Vorbild sei? — Geh hinaus auf den Markt und sieh dir die Natur an!

Murillo verweilte zwei Jahre in Madrid, lernend und sich übend. In Sevilla hatte er keinem etwas von der Reise gesagt, und von keinem wurde er vermißt.

Als er heimkehrte, hatte er das Glück, daß ihm gleich ein ansehnlicher Auftrag zu teil wurde.

Im großen Franziskanerkloster zu Sevilla sollte ein Kreuzgang mit Gemälden geschmückt werden. Murillo bewarb sich um diese Arbeit, und sie wurde ihm übertragen; als Grund seiner Bevorzugung vor den anderen Bewerbern wird angegeben, daß seine Preisforderung die bescheidenste war.

Es handelte sich um eine Reihe von Darstellungen aus der Geschichte von Heiligen des Franziskanerordens. Dieselben waren als einzelne Ölgemälde auszuführen, denn die Kunst der Freskomalerei hatte in Andalusien keinen Boden gefunden. Murillo malte diese Bilder, elf an der Zahl, die einen von größerer, die anderen von geringerer Breitenausdehnung, in den Jahren 1645 und 1646. Durch sie wurde er mit einem Schlage zum berühmten Mann. Ganz Sevilla staunte ihn an. Denn niemand wußte, so heißt es in der alten Lebensbeschreibung, woher er den neuen, meisterhaften, unbekannten Stil hatte, für den es in Sevilla weder Vorbild noch Lehrer gab. Man glaubte, da die Reise nach Madrid Murillos Geheimnis blieb, er habe sich während der zwei Jahre in seiner Wohnung eingeschlossen gehalten, um unausgesetzt Naturstudien zu malen. Daß in dem eingehenden und erfolgreichen Studium der Natur das Geheimnis der überraschenden Wirkung dieser Gemälde lag, das war allerdings zutreffend. — Das Kloster war stolz auf den außerordentlichen Kunstbesitz. Die Bilder wurden zum Schutz mit Vorhängen versehen und nur an Festtagen enthüllt. Aber das schlimme Jahr 1810 gab sie den Räuberhänden preis. Als Joseph Bonaparte am 1. Februar jenes Jahres seinen Einzug in Sevilla gehalten hatte, wurde

Abb. 3. Das Wunder des heiligen Diego („Die Engelsküche"). Im Louvremuseum zu Paris.

das Kloster geplündert, die Bilder wurden in die Welt hinaus verstreut. Nur zwei der kleineren sind in Spanien verblieben; sie befinden sich in der Gemäldesammlung der Akademie von S. Fernando zu Madrid.

Das eine dieser beiden ist die dem Stifter des Ordens gewidmete Darstellung: der heilige Franciscus wird durch himmlische Musik getröstet. In heller und scharfer Beleuchtung erscheint ein geigenspielender Engel, in blaß-rötliche und matt-moosgrüne Gewänder gekleidet, von einem bräunlich-goldigen Lichtschein umgeben, in der schwarz-braunen Finsternis der engen Mönchszelle; vom Licht und Klang geweckt, richtet sich der Heilige, der auf dem harten Boden eine kärgliche Ruhe gesucht hat, wie traumbefangen empor. Die Schwärze des Hintergrundes und die dunkelfarbige Kutte lassen den Kopf des Mönchs lebhaft hervortreten, der in seiner ganz aus der Wirklichkeit gegriffenen Bildung und in dem meisterhaft gegebenen Ausdruck des verzückten Lauschens so viel künstlerischen Wert besitzt, daß er die etwas nüchterne Fassung des Ganzen aufwiegt. Dieser naturwahre Kopf ist bewunderungswürdig. Die Verbildlichung des Überirdischen aber läßt noch nicht viel von dem Meister ahnen, der später in himmlischen Lichterscheinungen so Unvergleichliches geschaffen hat.

Abb. 4. Ein Bettler. Studienzeichnung in der Uffiziengalerie zu Florenz.
(Nach einer Originalphotographie von Braun, Clément & Cie. in Dornach i. E. und Paris.)

Das andere Bild bewegt sich ganz auf irdischem Boden, es zeigt sich uns als ein Meisterwerk der Naturbeobachtung. Es ist mit einer so schlichten Treue aus der Wirklichkeit gegriffen, daß man sich sehr wohl das Aufsehen vorstellen kann, welches ein solches Werk erregen mußte, das statt der phrasenhaften Gestalten der landläufigen Heiligenmalerei dem Volke sein eigenes Abbild zeigte; da konnte man wohl von einem „neuen unbekannten Stil" sprechen. Der Held der Darstellung ist kein weltbekannter Heiliger, sondern ein schlichter Laienbruder des Ordens mit Namen Diego, der im Kloster zu Alcalá im ersten Viertel des XV. Jahrhunderts ein still bescheidenes Leben geführt hatte, von dem aber Begnadigungen und Wunder erzählt wurden, auf Grund deren er von Sixtus V im Jahre 1588 unter die Kirchenheiligen aufgenommen wurde. Der heilige Diego war von Geburt ein Andalusier; wohl aus diesem Grunde wurde ihm in dem Sevillaner Kloster eine größere Anzahl von Bildern gewidmet, als irgend einem der anderen Heiligen. Hier ist er dargestellt, wie er Suppe unter die Armen verteilt (Abb. 2). Das Bild hat sozusagen keine Farbenwirkung, auch keine Wirkung von Hell und Dunkel; es bewegt sich in grauen und braunen Tönen, in die, neben den wenigen helleren Gesichtern und Händen, nur ein paar Flecken von verschossenem Rot, Blau, Grün und schmutzigem Weiß hineingestreut sind. Und dennoch, wie packt das Bild den Beschauer gleich beim ersten Anblick! Der geringe Reiz der Farbe, die trockene Malweise und was man etwa an der Aufstellung der Figuren im Raume mangelhaft finden könnte, — alles das verschwindet ganz und gar hinter der schlagenden Lebenswahrheit, von der eine jede Gestalt bis ins kleinste erfüllt ist. Das sind dieselben bejammernswerten Gestalten, die heute noch die Kirchthüren umlagern — dieses und jenes Gesicht kommt einem vor, als wäre man ihnen eben erst auf der Straße begegnet —, es ist dieselbe Geschäftsmäßigkeit des Bittens und dieselbe Gelassenheit beim Hinnehmen der Gabe, die auch heute noch dem spanischen Bettler eigen sind. Und die Kinder, — man glaubt noch die Stimmchen nachklingen zu hören, mit denen sie, noch nicht von dem gemessenen Wesen der Alten erfüllt, in eindringlicher Eintönigkeit den freundlichen Geber bestürmt haben; und jetzt sind sie so vollständig befriedigt, sie besitzen für den Augenblick gar keinen Wunsch mehr, und sie falten die kleinen schmutzigen Hände, damit Diego doch nicht ganz allein das Dankgebet für alle zu sprechen braucht. Die betenden Hände des Heiligen und sein Kopf — nebenbei auch Meisterwerke des malerischen Könnens in technischer Beziehung — sind der Glanzpunkt des Bildes. Das Ganze wird von diesem Kopf als seinem künstlerischen Mittelpunkt beherrscht, dem Kopf eines echten Spaniers, eines echten Mannes aus dem Volke und eines echten Heiligen.

Von den größeren Bildern aus dem Kreuzgang des Franziskanerklosters ist eines nach Paris in die Galerie des Louvre gelangt. Das ist ein merkwürdiges Bild; eine Dichtung von liebenswürdigster Unbefangenheit, so kindlich, wie die Legende, die es behandelt. Man braucht die Legende nicht zu kennen, das Bild erzählt sie (Abb. 3). Diego, der Laienbruder, ist mit dem Küchendienst beauftragt worden. Aber fromme Anmutungen haben ihn diese weltliche Aufgabe vergessen lassen; dem irdischen Boden entrückt, kniet er in der Luft, anbetend in der Anschauung unsichtbarer Geheimnisse, schon umleuchtet von dem Glanz seiner zukünftigen Heiligkeit. Damit aber die Gnade, welche Diego zu teil wird, den Brüdern keine irdische Benachteiligung bringe, haben Himmelsboten inzwischen die Verrichtung seines Küchenamts übernommen. In der Mitte des Bildes stehen zwei große Engel, die sich über die Besorgung von Speise und Trank beraten; der eine, in lichtviolettem Gewand, mit dunkelgoldigem Schimmer auf den weißen Flügeln, schickt sich an, zur Füllung eines großen Thonkrugs davonzueilen; der andere, in gelbem Gewand mit grünlichblau überflogenen Fittichen, berührt mit der Hand ein auf dem Küchentisch liegendes Stück Lammfleisch. Im Vordergrund sind zwei nackte Engelkinder am Gemüsekorb beschäftigt, ein etwas größeres

Abb. 5. Knabe, die Guitarre spielend.
Studienzeichnung in der Albertina zu Wien.
(Nach einer Originalphotographie von Braun, Clément & Cie. in Dornach i. E. und Paris.)

Kind stampft im Mörser. Ein Engelmädchen stellt die Eßnäpfe auseinander, ein anderes weiter hinten sieht am Herd nach dem kochenden Wasser. Die ganze geflügelte Gesellschaft ist so in Anspruch genommen von der ungewöhnlichen Beschäftigung, daß sie weder den in der Hinterthür der Küche erscheinenden Frater, der stumm vor Staunen die Hände spreizt, bemerken, noch auch den Prior, der in Begleitung zweier schwarzgekleideten vornehmen Herren durch die vorn am Bildrand befindliche Thür hereintritt und so Zeuge des Wunders wird. — Murillo hat die Sache in einer Weise dargestellt, als ob er selbst auch Augenzeuge gewesen wäre, mit einer unbefangenen Gläubigkeit, die dem phantastischen Hergang sozusagen den Anschein der Glaubhaftigkeit giebt. Den leblosen Inhalt der Küche hat er mit dem Fleiß eines braven Schülers nach dem Wirklichen gemalt und mit der Geschicklichkeit eines niederländischen Stillebenmalers ausgeführt.

Es versteht sich von selbst, daß ein Maler, bei dem das Neue seines Stils zum besten Teil auf der Beobachtung der Wirklichkeit beruhte, nicht nachließ, die Natur zu studieren. Unter den wenigen Blättern, welche als Zeichnungen von Murillos Hand gelten (in den großen Sammlungen zu Wien, Florenz, Paris), befinden sich einige, die sich als schnelle Niederschriften nach dem Leben zu erkennen geben (Abb. 4 und 5). Im allgemeinen darf man annehmen, daß Murillo seine Studien mehr mit Farbe und Pinsel, als mit dem Zeichenstift machte. Was er malte, um sich im Erkennen und Wiedergeben von Form und Ausdruck zu

Abb. 6. Studienkopf. In der königl. Gemäldegalerie im Haag.

üben, beschränkte sich, soweit man nach dem Erhaltenen urteilen kann, nur selten auf den beziehungslos hingestellten sogenannten Studienkopf (Abb. 6); vielmehr rundete es sich ab zum sogenannten Genre- oder Sittenbild. Das Pradomuseum zu Madrid, das die reichste Sammlung von Werken Murillos besitzt, enthält zwei solcher zu Bildern ausgearbeiteten Studien. Beide sind Brustbilder. Das eine zeigt das verschrumpfte Gesicht einer alten Frau, die müde aus den einst gewiß sehr lebhaft gewesenen schwarzen Augen blickt, während ihre Hände sich mit dem Spinnrocken beschäftigen. Das andere zeigt ein lachendes junges Mädchen. Das sonnverbrannte Gesicht der frischen Bauerndirne glüht aus dem weißen Kopftuch, das sich von einem dunkelgrauen Grund abhebt, farbig hervor; lustig blitzen die braunen Augen uns an. Alles ist Saft und Kraft an dieser kleinen Person; zwischen dem Kopftuch und dem Hemdärmel lacht ein Streifchen von der braunen Sammethaut der

Abb. 7. Das Mädchen mit dem Geldstück. Im Pradomuseum zu Madrid.
(Nach einer Originalphotographie von Braun, Clément & Cie. in Dornach i. E. und Paris.)

nicht so bald wieder ein Auftrag von ähnlichem Umfang und gleich großer Bedeutung. Aber bei dem außerordentlichen Erfolg seiner ersten Arbeit konnte es nicht ausbleiben, daß Murillo mit zahlreichen Bestellungen einzelner Gemälde für Kirchen und Kapellen, Klöster und Stiftungen bedacht wurde. Aller Nahrungssorgen enthoben, in ganz Sevilla persönlich beliebt und um seiner Kunst willen gefeiert, dachte er bald an die Gründung eines eigenen Hausstandes. Im Jahre 1648 verheiratete er sich mit einem Mädchen aus einer vornehmen Familie Sevillas, Doña Beatriz de Cabrera y Sotomayor.

Im Museum zu Madrid befindet sich eine ganze Anzahl von Bildern Murillos, die mit größerer oder geringerer Sicherheit als Arbeiten aus diesen und den nächstfolgenden Jahren erkannt werden. Es ist bemerkenswert, daß in einigen derselben Anklänge an die Art und Weise der Meister, deren Gemälde er in Madrid studiert hatte, sich wahrnehmen lassen. Nicht etwa als ob Murillo als Nachahmer erschiene; aber man sieht, daß er mit großem Fleiß in das Wesen seiner Vorbilder einzudringen und deren Vorzüge zu erkennen bemüht gewesen ist, und das hierbei Gelernte spiegelt sich nun in den eigenen Arbeiten wieder. Überall ordnen sich die fremden Anklänge einer künstlerischen Eigenart unter, die so bestimmt ausgeprägt ist, daß man — bei aller Verschiedenartigkeit der Gemälde unter sich — einen Murillo

runden Schulter dem Beschauer entgegen, und man könnte bedauern, daß das große weiße Tuch und die über das rotbraune Mieder geschlagene graue Decke die Umrisse der Gestalt so vollständig verbergen. Dem in fester und gediegener Malerei sorgfältig ausgeführten Kopf ist eine flüchtig gemalte Hand hinzugefügt, die ein blankes Silberstück hält: eine äußerliche Begründung des lachenden Ausdrucks, durch die der Maler seine fleißige Studie zu einem verwertbaren Bild gemacht hat (Abb. 7).

Auf die Ausführung der Bilderreihe im Kreuzgang des Franziskanerklosters folgte aus dieser Zeit ebensogut wie einen späteren unter allen anderen Gemälden gleich herauserkennt. Murillo selbst scheint sich dessen auch völlig bewußt gewesen zu sein, daß er mit keinem anderen mehr verwechselt werden konnte; nachdem er von den Bildern im Franziskanerkloster einige mit seiner Namensunterschrift bezeichnet hatte, hat er dies später kaum jemals wiederholt.

Vielleicht das älteste von Murillos Gemälden im Prado ist die Anbetung der Hirten (Abb. 8). Die Farbe bewegt sich in vorherrschend bräunlichen Tönen, die sich im Hintergrund zum Schwärzlichen vertiefen; darin stehen das rote Kleid und der grüne Mantel Marias als kräftige Farben, und der feine Kopf der Jungfrau, deren kastanienbraunes Haar ein grau-gelblicher Schleier umschlingt, und das zartfarbige, fast schattenlose Kindlein in der weißen Windel bilden die starken Helligkeiten, die den Blick des Beschauers festhalten. Bei allem Ansprechenden, das die Darstellung besitzt, empfindet man in derselben doch einen

Abb. 8. Die Anbetung der Hirten. Im Museum des Prado zu Madrid. (Nach einer Originalphotographie von Braun, Clément & Cie. in Dornach i. E. und Paris.)

Abb. 9. Mariä Verkündigung. Im Museum des Prado zu Madrid.
(Nach einer Originalphotographie von Braun, Clément & Cie. in Dornach i. E. und Paris.)

gewissen Mangel an künstlerischer Unmittelbarkeit; das etwas trocken gemalte Bild macht den Eindruck des „Komponierten". Bei den Figuren der Hirten ist Murillo noch nicht darauf gekommen, frei in das Leben hineinzugreifen und solche Hirten, wie sie die Wirklichkeit ihm zeigte, zu malen, sondern er hat sich hier mehr nach der Art und Weise gerichtet, wie Ribera — an dessen Auffassung überhaupt das ganze Bild ein wenig erinnert — diese Gestalten zu bilden pflegte.

Ein für diese Zeit sehr bezeichnendes Bild ist die Verkündigung (Abb. 9). In der Bildung der beiden Gestalten — die in der altherkömmlichen Weise einander gegenübergestellt sind — und im Wurf der Gewänder zeigt sich Murillos Eigenart, die in diesen Dingen lieber Zufälligkeiten der Natur als überlieferten Regeln folgte. Ganz sein Eigentum ist die Verbindung des Himmels mit der Erde durch das Herabsenken einer grauen Wolke, die sich öffnet und zwischen einem Rahmen von allerliebsten Englein in einen goldfarbigen Lichtschein blicken läßt, in welchem das Göttliche — hier der heilige Geist in Gestalt der Taube — erscheint. Der Künstler hat ein Gedicht der Farbe und des Lichtes schaffen wollen, aber der nachmalige große Meister dieser malerischen Poesie zeigt sich hier noch als unfertig. Die Stimmung hat etwas Kaltes. Maria trägt ein lila-graues Kleid und blaugrünen Mantel, der Engel ein rötlich-lilafarbenes Gewand, das im Licht ins Hellgelbe übergeht, mit bräunlich-grüner Umgürtung; seine Flügel nehmen das Lila des Gewandes und das dunkle Grau der Wolkenwand mit einer Vertiefung bis ins Schwärzliche auf. Auch die Schatten gehen ins Schwarze. Nur an zwei Stellen kommt ein warmes Rot vor: in der Decke über dem braunen Holzmöbel, auf welchem das Gebetbuch liegt, und in dem Nähkissen, das in dem zwischen den beiden Figuren auf dem Boden sichtbar werdenden Arbeitskorb unter einem weißen

Tuch zum Vorschein kommt. Besonderheiten der Malerei erinnern in diesem Bilde entschieden an die Rubenssche Schule, vielleicht mehr an van Dyck als an den großen Antwerpener Meister selbst.

Noch augenfälliger tritt die Erinnerung an die Art des Rubens in einem Bilde kleineren Maßstabs in die Erscheinung, das im übrigen durch seinen sonnig warmen Ton einen weiteren Fortschritt in der Entwickelung Murillos zu bezeichnen scheint: Rebekka und Elieser am Brunnen (Abb. 10). Wie reizvoll leuchtendes Frauenfleisch auf einem blau-grauen Luftton stehen kann, das hat Murillo dem Niederländer sehr glücklich abgelauscht; er hat sogar dreien der Mädchen, die sonst die echtesten Andalusierinnen sind, blondes Haar gegeben. Die vier nahe zusammen stehenden Mädchenköpfe mit dem von Weißzeug umgebenen Fleisch der Hälse und Arme bilden eine einheitliche Lichtmasse, welche den Haupteffekt des Bildes ausmacht. Was aber dem Bilde seinen eigentümlichen Reiz verleiht, ist das von Murillo aus sich selbst heraus Empfundene: die Stimmung des drückend heißen Sommertages, die einem so fühlbar wird, wenn man in die graue Felsenlandschaft blickt, die sich weithin unter dem von bleifarbigem Gewölk durchzogenen Himmel ausdehnt; der ehrliche Durst des Mannes, der solch baum- und wasserloses Bergland durchwandert hat und jetzt begierig die Lippen an das große Schöpfgefäß setzt; die Lebhaftigkeit der schwarz-braunen spanischen Augen, die auch in den Gesichtern der Blondhaarigen funkeln. — In den Gewändern sind warme Farben vorherrschend. Elieser hat einen gelblichen Turban und einen ähnlichen, nur kräftiger gefärbten Rock, der von einem hellblauen Gürtel scharf durchschnitten wird, ein rot-brauner Mantel hängt auf seiner Schulter; Rebekka hat ein rotes Tuch über den schwarzen Rock geschlagen; das vom Rücken gesehene Mädchen ist am Oberkörper mit einem gelblich-grauen Stoff bekleidet, ihr Rock hat einen stumpfen, dunklen, ins Blau-Grünliche gehenden Ton. Die Mauer, die den Hintergrund dieser Figur bildet, ist wieder gelblich, saftig grünes Laub hängt von ihr herab; die Brunneneinfassung besteht aus roten Backsteinen.

Ganz unabhängig von allem Herkömmlichen — in künstlerischer wie in sachlicher Beziehung — ganz unbefangen aus dem

Abb. 10. Rebekka und Elieser. Im Museum des Prado zu Madrid.
(Nach einer Originalphotographie von Braun, Clément & Cie. in Dornach i. E. und Paris.)

Leben schöpfend, tritt uns Murillo in einem Gemälde entgegen, welches die heilige Familie in rein menschlichem Beisammensein darstellt (Abb. 11). In einem Gemach mit kahler grauer Wand sitzt der heilige Joseph, dessen männlich kräftigen Kopf dichtlockiges schwarzes Haar umwallt, mit einem schwarzen Rock und einem über die Knie geschlagenen bräunlich-gelben Übergewand bekleidet, und nimmt väterlich teil an dem kindlichen Spiel des Jesusknaben. Das goldlockige Kind, dem über das weiße Hemdchen ein gelblichgraues Wolltuch mit einer hellblaugemusterten Schärpe als Röckchen umgebunden ist, lehnt sich an den Pflegevater an und belustigt sich munter mit einem weißen Hündchen, vor dem es einen kleinen Vogel in die Höhe hält. Maria sitzt etwas zurück im Halbschatten, der das übliche Rot und Blau ihrer Kleidung, die außerdem zum großen Teil von einem grauen Brusttuch bedeckt ist, so dunkel macht, daß diese Farben wenig sprechen; sie unterbricht auf einen Augenblick ihre Arbeit an der Garnwinde, um mit dem liebenswürdigen Ausdruck der zufriedenen Mutter ihre Blicke auf dem Spiel des Kindes ruhen zu lassen. — Es ist nicht möglich, weiterzugehen in der Verzichtleistung auf jede Kennzeichnung der Heiligkeit. Nur Rembrandt hat Ähnliches gewagt. Man kann sich aber denken, daß gerade in dem strengreligiösen Spanien ein Bild, welches das heilige Vorbild des Familienlebens so ohne jeden trennenden Vorhang der Unnahbarkeit vor die Augen der Gläubigen rückte, den höchsten Beifall finden mußte.

Auch Murillos Madonnenbilder haben diese Eigenschaft des rein Menschlichen, die in den Augen der Zeit und des Volkes gewiß ihren größten Vorzug bildete. Diese junge Mutter, die mit dem meistens ganz nackten Kind auf dem Schoße dasitzt, hat niemals etwas Übersinnliches, nicht einmal etwas von den Zufälligkeiten irdischer Erscheinung befreites Allgemeines, „Ideales"; sie kommt im Gegenteil dem Volke, welches vor sie hintritt, so nah wie möglich: sie ist Spanierin. Vielleicht nur in einigen seiner allerältesten Madonnenbilder hat Murillo versucht, die Form des Gesichts zu ver-

Abb. 11. Heilige Familie, zubenannt del pajarito (mit dem Vögelchen).
Im Museum des Prado zu Madrid.
(Nach einer Originalphotographie von Braun, Clément & Cie. in Dornach i. E. und Paris.)

Abb. 12. Die Jungfrau und das Christuskind. Im Museum des Prado zu Madrid.
(Nach einer Originalphotographie von Braun, Clément & Cie. in Dornach i. E. und Paris.)

allgemeinern. Für die meisten seiner späteren Madonnen ist selbst die Bezeichnung „Spanierin" nicht eng genug; sie sind reine Andalusierinnen. Untereinander sind sie außerordentlich verschieden. Auch das Kind ist ein wirkliches Menschenkind, und zwar ein spanisches. Dennoch würde man sehr unrecht haben, wenn man diese Madonnen profan finden wollte. Wenn man von dem Weihevollen, das in der Farbenstimmung liegen kann, ganz absieht: man braucht sich nur in die Augen von Mutter und Kind zu vertiefen, deren Blick so ruhig und so zutrauenerweckend auf uns haftet, und man wird es bald empfinden, mit welcher ernsten, innerlichen Religiosität Murillo diese Gestalten geschaffen hat. — Ein Madonnenbild im Prado, ganz ungewöhnlich düster im Ton des Rot und Blau der Gewänder, die mit dem Schwarzgrau des Grundes zusammen eine Dunkelheitsmasse bilden, durch welche das lichterfüllte Fleisch grell hervorgehoben wird (Abb. 12), steht in Bezug auf den Reiz der Gesamtwirkung vielleicht manchen ähnlichen Gemälden des Meisters nach; aber es besitzt eine künstlerische Kostbarkeit, ein Juwel der Malerei in dem braunhaarigen, schwarzäugigen Jesuskind. — Kinder hat überhaupt niemand so zu malen verstanden wie Murillo, — auch Rubens und Tizian nicht. Im Museum zu Sevilla wird ein sehr dunkel gehaltenes Madonnenbild als Andenken an Murillos früheste, vor der Madrider Reise liegende Zeit aufbewahrt. Da sieht man, wie der junge Maler sich abgemüht hat, um ein hübsches Kind nach der Natur zu malen; man sieht, wie das kleine Modell gequält worden ist, um von Zeit zu Zeit wenigstens still zu halten, und wie er sich geplagt hat, den Reiz des Lebendigen zu erfassen, wobei schließlich für Form, Bewegung und Ausdruck der Kinder. Und ehe noch im übrigen seine künstlerische Entwickelung völlig zur Reife gelangte, war er schon ein thatsächlich unerreichter Meister in diesen Dingen. Gern malte er Kinder allein. Der als Kind auf der Erde erschienene Gott gab ja für einen phantasiebegabten Künstler Stoff genug zu derartigen Bildern. So zeigt ein eigentümlich ergreifendes Gemälde im Prado das Christuskind auf dem Kreuze schlummernd, das rechte Händchen auf einen Totenkopf gelegt; etwas wie eine schmerzliche Ahnung

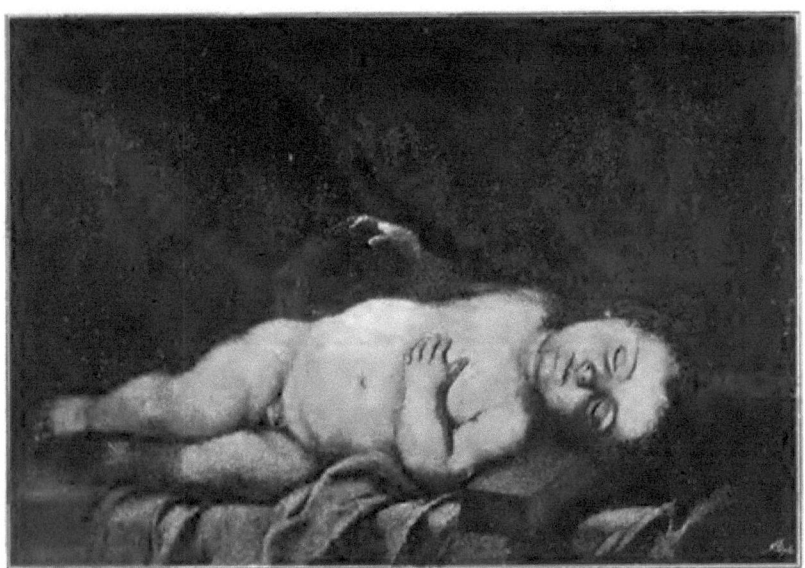

Abb. 13. Das auf dem Kreuze schlafende Christuskind. Im Pradomuseum zu Madrid.
(Nach einer Originalphotographie von Braun, Clément & Cie. in Dornach i. E. und Paris.)

doch nur ein wenig ansprechendes Geschöpf mit feisten Gliederchen und viel zu kleinem Kopf, mit unglückselig steifer Haltung herausgekommen ist; vom vielen Herumarbeiten ist die Farbe so trüb geworden, daß der Maler, um dieses Fleisch noch hell erscheinen zu lassen, kein anderes Mittel wußte, als daß er den Hintergrund schwarz machte und auch die Gewänder Marias bis auf ein paar Lichtflecke zunächst dem Kinde mit schwarzer Dunkelheit überzog. Aber schon in den lustigen Engelputten auf dem in Paris befindlichen St. Diegobild bekundet Murillo eine außerordentliche Feinfühligkeit von Leiden und Tod liegt auf dem Gesichtchen des kleinen Schläfers. Die Farbe des Körperchens ist wunderbar zart, silberig, mit leichter Röte angeflogen, die Lippen frisch und rot, das Haar goldbraun. Der Fleischton wird reizvoll hervorgehoben durch die schön zusammenklingenden Töne des braunen Kreuzes, des rötlich-violetten Tuches und der grünlich-grauen Steinbank; die beiden letzteren Farben kehren auch im Dunkel des Hintergrundes wieder (Abb. 13).

Um Himmelskinder malen zu können, mußte Murillo natürlich ganz gewöhnliche Menschenkinder studieren (Abb. 14). Da machte es denn dem Maler, der in der Armenspeisung des heiligen Diego so köstliche Bettelkinder dargestellt hatte, bisweilen auch Vergnügen, das kleine Volk der Gassen in selbständigen Bildern wiederzugeben, wie es da war, im schlichtesten Naturalismus, aber vollendet künstlerisch. So entstand eine Anzahl von Bildern, in denen irgend etwas zufällig Gesehenes, blitzschnell Aufgefaßtes, mit unfehlbarem Künstlergedächtnis festgehaltenes, in glücklichster Stunde auf die Malers bald so hoch geschätzt, daß Spanien schließlich kein einziges dieser Bilder behalten hat. Die größte Anzahl derselben — fünf — besitzt die Münchener Pinakothek, darunter zwei, die zu Murillos allerköstlichsten Werken dieser Gattung gehören: „Die würfelspielenden Gassenbuben" und „Die schmausenden Gassenbuben." Der Reiz dieser beiden wie mit einem schimmernden Lichtton gemalten Bilder ist ein außerordentlicher. Eine größere Lebenswahrheit, eine

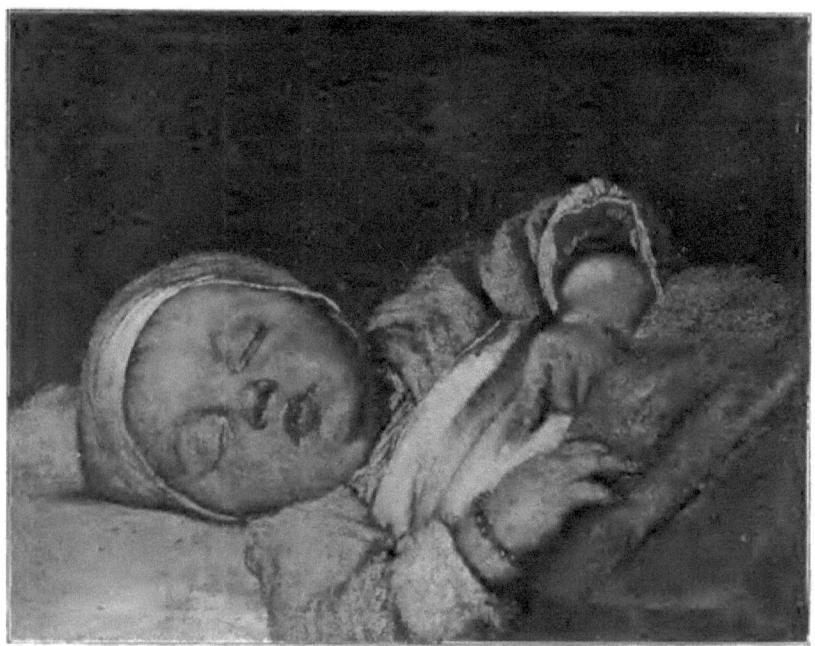

Abb. 14. Ein schlafendes Kind. In der Czernin-Galerie zu Wien.

Leinwand gebracht, sich zum vollendeten Kunstwerk gestaltet hat; Bilder, die bei sichtlich ganz müheloser Ausführung die gediegenste Durchbildung aufweisen und in lebensgroßem Maßstab die Treue von Augenblicksaufnahmen besitzen.

Derartige Darstellungen fanden allgemein verdienten Beifall, sie wurden gern gekauft und gingen von einem Besitz in den anderen über. Durch sie wurde man zuerst auch im Ausland auf Murillo aufmerksam, ja gerade von ausländischen Kunstliebhabern wurden diese Erzeugnisse eines spanischen feinere Beobachtung der Bewegungen bis in das Einzelne hinein ist nicht denkbar. Mit welchem Eifer sind jene Kinder der Straße bei dem Glücksspiel, das in diesem Augenblick ihr ganzes Sein in Anspruch nimmt! Mit welchem Behagen verzehren diese anderen die saftigen Früchte! Man freut sich beim Zusehen, wie es ihnen schmeckt (Abb. 15). Dabei ist die äußere Erscheinung der Dinge, die Oberfläche von Haut und Haaren, Stoffen und Früchten ebenso meisterhaft beobachtet und wiedergegeben wie das innere Leben des sorglosen

Abb. 15. Die schmausenden Gassenbuben.
In der königl. Pinakothek zu München.
(Nach einer Originalphotographie von Franz Hanfstängl in München.)

kleinen Volks. Auch die drei anderen Münchener Bilder, die Melonenesser mit dem Hündchen (Abb. 16), die kleinen Obstverkäuferinnen, die ihren Erlös überzählen, der Junge, der unter der mit ländlich-sittlicher Unbefangenheit durch die Mutter vorgenommenen Säuberung seines Kopfes, im Spielen mit einem jungen Hündchen und im Kauen an seinem Brot ein dreifaches Wohlbehagen genießt (Abb. 17), sind Meisterwerke ihrer Gattung. Mehrere Werke dieser Art befinden sich in englischen Sammlungen; darunter die von so echtem Humor erfüllte Zusammenstellung eines mürrischen und eines vergnügten Buben in der Dulwichgalerie (Abb. 18). — Während wir bei den genannten Gemälden, mit Ausnahme von einem, uns im Freien befinden, vor der Stadt oder in den engen Gassen Sevillas, die ein durch oben von Haus zu Haus gespannte Tücher gedämpftes Sonnenlicht erfüllt, werden wir durch ein nicht minder kostbares Bild der Louvresammlung in einen finsteren Raum versetzt, in den durch das viereckige Fensterloch ein breiter, voller Strahl der aufsteigenden Sonne eindringt. Es ist ein echter, goldener Sonnenstrahl, den Murillo da hingemalt hat; scharfes, fast blendendes Licht und weiche, warme Reflexe in dem graubraunen Raum und auf den graubraunen Lumpen und der bräunlichen Haut eines Jungen, für die freundliche Helligkeit, welche die Sonne in seinen Schlupfwinkel entsendet, dazu benutzt, auf die kleinen, quälenden Blutsauger Jagd zu machen, die ihm die Ruhe verkümmern (Abb. 19).

Wenden wir uns von diesen Wirklichkeitsbildern wieder zu religiösen Kinderdarstellungen, zu solchen, welche Kinder in den Jahren erlangter Freiheit und Selbständigkeit der Bewegung zum Gegenstand des Bildes machen, so finden wir im Museum zu Madrid zwei Gegenstücke, die bei einer Wahrheit in der Wiedergabe des Kindlichen, welche ebenso vollkommen ist wie bei jenen, eine so reiche Poesie enthalten, die in der Auffassung und in der verklärenden Farbe ein über das Alltägliche sich so hoch erhebendes Wesen — Idealität, wenn man will — besitzen, daß sie durch diese

Eigenschaften ebenso unwiderstehlich fesseln und vielleicht nachhaltiger erfreuen, wie jene anderen durch ihre irdische Naturtreue. Die Kinder Jesus und Johannes sind in diesen Kraut bewachsenen Berg hinaufgestiegen, um das eine verirrte Schaf zu suchen. Ermüdet von der beschwerlichen Wanderung sitzt er da auf einem Stein, und indem er

Abb. 16. Die Melonenesser. In der königl. Pinakothek zu München.
(Nach einer Originalphotographie von Franz Hanfstängl in München.)

liebenswürdigen Gemälden dargestellt. Jesus ist als der gute Hirt aufgefaßt. Während die Herde im Thale auf üppigem Felde zwischen goldfarbenen Saaten weidet, ist er einen steinigen, mit dürftigem braun-grünen die Hand auf das verlorene und wiedergefundene Schäflein legt, richtet er die großen dunklen Kinderaugen mit einem wunderbar inhaltvollen Blick auf den Beschauer. Ein helles Licht, wie ein Strahl von am Wolken-

Abb. 17. Die Kopfreinigung. In der königl. Pinakothek zu München. (Nach ein Originalphotographie von Franz Hanfstängl in München.)

rand dem Hervortreten naher Sonne, bescheint den kleinen Hirten und wirft auf das blühende Fleisch, das blaßviolette Röckchen und die bräunlich-weiße Wolle des Lammes einen lichtgoldigen Schein, daß die Lichter sich hell abheben von dem blauen, weißbewölkten Himmel (Abb. 21). Hier ist göttliche Ruhe, die noch mehr hervorgehoben wird durch den Gegensatz der Erregung in dem Bilde des Vorläufers. Der kleine Johannes, bekleidet mit einem bräunlichen Fließ und rotem Überwurf, kniet in einer wilden Landschaft, in einer Felseneinöde, deren braunes Gestein sich in der Ferne in kahler, grauer Kette fortsetzt. Er berührt mit der einen Hand, die einen Kreuzesstab hält, ein Lamm, dessen sinnbildliche Bedeutung das an dem Stab befestigte Schriftband mit den Worten: „Siehe das Lamm Gottes" erläutert, und drückt die andere Hand mit inniger Empfindung auf die Brust, während seine Blicke sich erwartungsvoll nach oben wenden, von wo ein Lichtstrahl sich aus der bewegten Luft auf ihn herabsenkt (Abb. 20). Die beiden Bilder haben eine prächtige, trotz der kräftigen Schatten sehr lichte Farbenwirkung. Zart und duftig im Gesamtton, weich in der Behandlung ohne jede Beeinträchtigung der Bestimmtheit der Formen, erscheinen sie hinsichtlich der Malerei fast als das Entgegengesetzte des Bildes der heiligen Familie (mit dem Vögelchen), in welchem bei der Festigkeit der körperhaften Durchbildung die Bestimmtheit fast zur Härte geworden ist. Dennoch braucht man nicht anzunehmen, daß eine lange Reihe von Jahren zwischen der Entstehung dieses Bildes und jener beiden liege. Murillo vervollkommnete sich mit großer Schnelligkeit. Wenn den ersten Werken, die er nach seiner Rückkehr nach Sevilla malte, noch hin und wieder einige Trockenheit eigen ist, wenn man eine gewisse Neigung zu schweren Tönen, besonders in den kräftig sprechenden Farben, bemerkt und ein mühsames, nicht immer siegreiches Ringen um das Erreichen einer völlig harmonischen Farbenwirkung wahrnimmt, so zeigen bald darauf folgende Werke, daß Murillo diese Unvollkommenheiten in verhältnismäßig kurzer Zeit gründlich überwunden hat; dieselben verschwinden ebenso vollständig, wie die vereinzelten Anklänge an fremde Art und Weise, die sich hier und da erkennen ließen.

Das Bestreben, eine Übersicht über den Entwickelungsgang eines Malers aus seinen Werken herzuleiten, hat bei der Spärlichkeit vorhandener Jahresangaben zu einer Gruppierung der Werke Murillos nach gewissen Besonderheiten der Farbengebung und der Malweise geführt, und man spricht hiernach von seinem ersten, zweiten, dritten und letzten Stil oder auch — ebenfalls im Sinne zeitlichen Aufeinanderfolgens — von seinem kalten, warmen und duftigen Stil.

Die Einordnung der Gemälde in ein solches Schema ist aber nur in beschränktem Umfang möglich. Wenn man vor denselben steht, so gewahrt man bald, daß Murillo, nachdem er einmal völlig zur Reife gelangt war, eine so uneingeschränkte Herrschaft über alle Mittel der Malerei besaß, daß er mit einer staunenswürdigen Freiheit und Vielseitigkeit seine Malweise immer dem Gegenstand der Darstellung anzupassen vermochte, daß Farbenstimmung und Behandlung sich ihm jedesmal aus dem, was er malte, ergab. Daher entzieht sich eine ganze Menge seiner Bilder jedem Versuch einer auch nur annähernden Bestimmung der Zeit ihres Entstehens.

Jedenfalls war Murillo beim Ablauf des ersten Jahrzehnts nach seiner Heimkehr ein völlig ausgereifter Meister, der über sein Wollen und Können durchaus im klaren war. Das bewies er, als ihm im Jahre 1655 der Auftrag zu teil wurde, ein großes Gemälde für die Kathedrale seiner Vaterstadt auszuführen. Dieses prächtige Bild, das die Geburt Marias darstellt, in einer Auffassung, die ganz Murillos besonderster Eigenart entspricht, ist in der Franzosenzeit entführt worden und befindet sich jetzt im Louvre (Abb. 22). Es ist ein wunderbares Werk; ein duftiger, farbiger Lichtzauber. In der Mitte des langgestreckten Bildes ist ganz im Vordergrund das neugeborene Kind

Abb. 18. Zwei Bauernjungen. In der Dulwichgalerie zu London
(Nach einer Originalphotographie von Grau & Tavico in Bayswater.)

der Mittelpunkt der Hauptgruppe. Zwei Frauen, von denen die ältere, etwas beleibt und mit einem stehenden Lächeln in den Zügen, eine köstliche Abschrift aus dem Leben ist, haben das kleine Wesen in weiße Tücher eingeschlagen; neben ihnen fühlt ein junges Mädchen, mit Schleifchen geputzt und in lebhafte Farben gekleidet, nach der Wärme des Wassers in der kupfernen Badewanne; ein anderes Mädchen, das man vom Rücken sieht, bringt leinene und wollene Tücher herbei. Das ist alles ganz naturgetreue Schilderung eines menschlichen Vorgangs, ebenso wie dasjenige, was wir im Hintergrund sehen: hier die Mutter Anna, matt im Bette liegend, auf dessen Fußende Vater Joachim sitzt, der sorglich und liebevoll den Blick auf sie geheftet hält, dort, vor der geöffneten Thür zum Nebenzimmer, zwei am Kaminfeuer beschäftigte Frauen. Aber zu dem Menschlichen gesellt sich das Überirdische. Der Himmel nimmt Anteil an diesem Familienereignis und entsendet seine Engel, um in dem Kinde die zukünftige Mutter des Erlösers zu begrüßen. Engel in der Bildung halbwüchsiger Mädchen, in lichte, hellfarbige Gewänder gekleidet, beugen sich verehrend über die Neugeborene. Ein paar kleine Engelkinder suchen sich in kindlicher Weise nützlich zu machen, indem sie im Wäschekorb kramen wollen, wobei das eine sich nach dem Spitzhündchen, das auch mit zusieht, umblickt mit einer Bewegung und einem Ausdruck, daß man es sagen hört: „Schön artig sein!" Dieses menschliche Gebaren der kleinen Engel und die ganze Durcheinandermischung von Irdischem und Himmlischem ist mit einer solchen Liebenswürdigkeit gegeben, daß der Eindruck des Anmutenden denjenigen des Befremdenden überwiegt: es liegt in dem Ganzen eine unbefangene fromme Kindlichkeit, als ob der Schöpfer des Werks nicht im XVII., sondern im XV. Jahrhundert gelebt hätte. Der größte Wert des Bildes aber liegt in seiner Farbenpoesie. Es ist ein gemalter freudiger Festgesang. Auf dem warmen grauen Ton, der im Hintergrund vorherrscht, wirkt die geschlossene Hauptgruppe mit den Köpfen der Engel und der Frauen, dem Fleisch und den zartgefärbten Gewändern der Engel, mit den paar kräftigen Farbentönen in den irdischen Stoffen, welche die ganze Lichtmasse nur beleben, mit dem in weiße Windeln eingeschlagenen Kind als Mittelpunkt, gleichsam wie ein Hügel von zartfarbigen Blumen, die rings um eine weiße Blüte herum aufgeschüttet sind; und immer mehr Rosen regnen aus der Luft herab — die Engelkinder, die noch oben schweben. Durch das dunkelgrüne Kleid des vom Rücken gesehenen Mädchens, das die Gruppe auf der einen Seite mit kräftiger Dunkelheit abschließt, wird der blumenhafte Eindruck der rosigen Lichtmasse noch entschiedener hervorgehoben. Der volle Zusammenklang von Licht und Farbe in der Hauptgruppe tönt an zwei Stellen nach, die das Dunkel des Hintergrundes unterbrechen: auf der linken Seite des Bildes in einem Sonnenstrahl, der auf dem mit roter Decke überzogenen und mit einem bläulichroten Himmel überdeckten Bette der Wöchnerin spielt und warme Reflexe umherstreut; rechts — mit verminderter Kraft — in dem Herdfeuer und dem Durchblick in das weißgetünchte Nebenzimmer.

Wenn man die Pracht der Wirkung dieses Gemäldes in Hell und Dunkel und im Reichtum der Farben mit dem in der nämlichen Sammlung befindlichen, in der Größe ähnlichen und im künstlerischen Gedanken einigermaßen verwandten Engelwunder des heiligen Diego vergleicht, das hierneben dürftig in der Farbe und zersplittert in der Wirkung erscheint, so staunt man über den Abstand, den Murillo in den zehn Jahren, welche zwischen der Entstehung der beiden Bilder liegen, auf dem Wege der Vervollkommnung durchmessen hat.

Aus dem nämlichen Jahre 1655 besitzt die Kathedrale zwei Bilder heiliger Bischöfe, die vor einem Jahrtausend den Stuhl von Sevilla innegehabt hatten, von der Hand Murillos. Dieselben wurden ihr als Geschenk zugewendet und schmücken heute noch ihren ursprünglichen Platz an den Wänden der großen Sakristei. Die beiden Kirchenfürsten, der durch seine Schriften allgemein bekannte Isidorus, und Leander, ein eifriger Bekehrer der arianischen Goten zur katholischen Lehre, sind in ganzer Figur und in bischöflicher Amtstracht dargestellt; die großen Massen der weißen, goldverzierten Kleidung werden belebt durch das Sichtbarwerden des farbigen — bei dem einen roten, bei dem anderen rötlich-violetten — Futterstoffs der

Chormäntel. Das Fesselndste an den Bildern sind die ausdrucksvollen Köpfe, die so bestimmt und individuell gestaltet sind, daß sie wie Bildnisse wirken.

Nachdem Murillo die erste Aufgabe, welche ihm das Domkapitel gestellt, so glänzend gelöst hatte, bekam er alsbald den größeren Auftrag, den Altar in der Taufkapelle der Kathedrale mit Gemälden zu schmücken. Eine ganze hohe, spitzbogig abgeschlossene Wand stand hier zur Aufnahme der Bilder zur Verfügung. Für die Hauptdarstellung wurde — ich weiß nicht aus welchen Gründen — die Erscheinung des Christuskindes in der Zelle des heiligen Antonius von Padua gewählt; darüber fand die Darstellung desjenigen Vorgangs, den man von alters her in Taufkapellen als den hierhin am besten passenden Gegenstand zu verbildlichen pflegte, ihren Platz: die Taufe Christi im Jordan.

Im Spätherbst 1656 war Murillo mit dieser Arbeit fertig. Unter seinen vorzüglichsten Meisterwerken hat das Antoniusbild stets den größten Ruhm genossen. Der gegebene Gegenstand war ein himmlisches Wunder, aus dem die Phantasie Murillos ein Wunder malerischer Dichtung schuf. Von dem heiligen Antonius, der, zu Lissabon im Jahre 1195 aus vornehmer Familie geboren, zuerst in den Augustinerorden trat, dann Franziskaner wurde und, nachdem ein Versuch, in Afrika als Missionar zu wirken, an seiner schwächlichen Gesundheit gescheitert war, in einem italienischen Kloster zurückgezogen und unbeachtet lebte, bis er einmal durch einen Zufall dazu gebracht wurde, von der Macht seiner Redebegabung öffentlich Zeugnis zu geben, und dann, Italien und Südfrankreich durchwandernd, als ein Prediger, der durch das Feuer seiner Worte selbst das steinerne Herz eines Ezzelino da Romano zu erschüttern wußte, in den Herzen vieler Tausende von Zuhörern wahre Wunder wirkte, bis er im Jahre 1231 im Kloster zu Padua starb, von diesem ungewöhnlichen Manne wurden gleich nach seinem Tode Wundergeschichten erzählt, die sich bald zu einem anmutigen Legendenkranz gestalteten. Namentlich wollte man wiederholt bemerkt haben, daß Christus in Kindesgestalt sichtbar in seiner Zelle erschienen sei und sich mit ihm unterhalten habe. — Murillo versetzt uns in einen grauen Klosterraum, durch dessen offene Thür man in den Klosterhof mit seinem Säulengang sieht. Das weißliche Tageslicht, das den Hof erhellt, wird verdunkelt durch eine Fülle von goldenem Himmelslicht, das in den Innenraum eindringt. Eine große Wolke senkt sich herab,

Abb. 19. Der Bettlerjunge mit dem Floh. Im Louvre zu Paris.
(Nach einer Originalphotographie von Braun, Clément & Cie. in Dornach i. E. und Paris.)

Abb. 20. Das Kind Johannes. Im Museum des Prado zu Madrid.
(Nach einer Originalphotographie von J. Laurent & Cie. in Madrid.)

deren dunkles Grau mit dem der Wände zusammengeht; die Wolke öffnet sich, ihr Inneres ist hellgoldiges Licht, und in dem hellsten, strahlenden Lichtkern zeigt sich, selbst eine Lichtgestalt, das Jesuskind. Engelscharen umgeben das Kind in weitem Kreise, allerliebste Kinderengel, die im Lichtmeer schwimmen, sich auf den silbergrauen beleuchteten Innenrändern der Wolke umherschwingen und darüber hinaus in das Schattendunkel tauchen. In den Farbenzauber von Gold und Grau und zarten Fleischtönen werden ein paar feingestimmte lebhafte Farbentöne gebracht durch die Gewänder einiger größeren Engel, welche die muntere Schar der Himmelskinder begleiten; diese ernsteren Gestalten verneigen sich in Ehrfurcht, indem sie abwärts blicken auf

Abb. 21. Der gute Hirt. Im Museum des Prado zu Madrid.
(Nach einer Originalphotographie von Braun, Clément & Cie. in Dornach i. E. und Paris.)

den begnadigten Menschen, dem dieser himmlische Besuch zu teil wird. Ein Engel in gelbem Gewande, mit weißen Fittichen, ist gleichsam der Führer; seine Hand hat den Wolkenballen, der bis dahin noch zwischen dem Jesuskind und den Blicken des jungen Mönches lag, beiseite geschoben, und indem er sich umwendet, macht er dem Kind den Weg zu diesem frei. Das Kind löst sich aus dem Licht, mit vorgestreckten Händchen, das rechte wie zur Segenspendung erhebend, schwebt es schreitend herab. Der am Boden knieende Mönch, dessen Antlitz und braune Kutte der Schein des Himmelsglanzes goldig überstrahlt, breitet die Arme aus, die Gebärde begleitet den Ausdruck des Verlangens, der sein Gesicht beseelt. Ein Augenblick noch, und der Mensch wird den Gott umfangen (Abb. 24). — Dem wunderbaren Gemälde war das berühmten Altarbildern so selten vergönnte Glück beschieden, an der Stelle verbleiben zu dürfen, für die es gemalt wurde. Hier in den feierlichen Hallen des gewaltigen gotischen Doms kann es seine Wirkung noch mit voller Macht auf den Beschauer ausüben, ganz anders als die vielen Kirchengemälde, die in Museen zwischen zerstreuender Umgebung untergebracht sind, und in deren religiöses Wesen man sich, da die Weihe des Ortes und die Abgeschlossenheit fehlt, erst mühsam hineinversetzen muß, ehe man sie ihrem innersten Werte nach würdigen und genießen kann. — Die Umrahmung des Bildes, bei der gewiß Murillo auch ein Wort mitgesprochen hat, ist demselben mit großem Geschmack angepaßt. So reich auch die wuchtigen Barockformen des vergoldeten Schnitzwerkes sind, das die ganze Kapellenwand bis in die Spitze des Bogens füllt, sie ordnen sich in der Wirkung dem Gemälde unter; das Spiel von Lichtern und Schatten in dem natürlichen Gold, dessen Masse durch naturfarbig bemalte Figuren von Kinderengeln unterbrochen und hier und da durch Anwendung von schwarzer und roter Farbe belebt wird, hebt die Lichtfülle des Bildes und dessen goldigen Ton aufs schönste hervor.

Die obere Bekrönung des Rahmens schließt das kleinere Gemälde ein, welches die Taufe Christi darstellt. Ungeachtet der Verschiedenartigkeit des Gegenstandes ist die Farbe desselben vollendet schön zu derjenigen des unteren Bildes gestimmt. Vor dem Täufer, der über der grauen Fellbekleidung einen roten Überwurf trägt, dessen kräftige Farbe die Stimmung reizvoll belebt, kniet Jesus in demütiger Haltung; über ihm schwebt die Taube in einem dunkelgoldigen, von grauem Wolkenrand umgebenen Lichtton, und Engelkinder halten in der Luft sein Gewand, dessen Farbe mattviolett ist, bereit. — Wenn Murillo den Erlöser als erwachsenen Mann darzustellen hatte, so war er — wenigstens hat es so den Anschein — einigermaßen befangen. Er war am glücklichsten in der Gestaltung seiner Köpfe, wenn er dieselben bildnisartig machen konnte, mit Benutzung wirklicher Personen, die mit der Vorstellung, welche er sich geschaffen, Ähnlichkeit besaßen. Dies gilt auch von einem großen Teil seiner Marienbilder. In dem Antlitz des Heilandes aber wagte er eine solche Anlehnung an einen in der Wirklichkeit lebenden Menschen nicht. Dennoch ist das Bild des Christuskopfes, welches er sich im Anschluß an die überlieferte Form schuf, ein schönes und würdiges. Es unterscheidet sich durch den ehrlichen künstlerischen Ernst, durch die Schlichtheit des Ausdrucks sehr vorteilhaft von den süßlichen und gekünstelt ausdrucksvollen Christusköpfen, mit denen italienische Maler des XVII. Jahrhunderts die Gunst eines großen Publikums gewannen (vergl. Abb. 23).

Das Antoniusbild zu Sevilla ist infolge der hohen Wertschätzung, welche Murillos Gemälde in unserem Jahrhundert gefunden haben, der Gegenstand eines unglaublichen Frevels geworden. Im November 1874 wurde aus demselben die Figur des Heiligen, zum Zweck des Verkaufs ins Ausland, herausgeschnitten. Durch den Umstand, daß das Gemälde nach der weitverbreiteten Unsitte, aus schönen Kirchenbildern eine Einnahmequelle für den Küster zu machen, unter einem Vorhang verborgen gehalten wurde, war es möglich, daß die Schandthat so lange unentdeckt blieb, bis der Dieb mit seinem Raub Europa verlassen hatte. Doch waren zum Glück die angestellten eifrigen Nachforschungen von Erfolg gekrönt; im Februar 1875 wurde das herausgeschnittene Stück in New York aufgefunden. Es war ganz unbeschädigt, bis auf eine geringe Beschneidung des oberen Randes, und ist mit großer Geschicklichkeit wieder in das Bild eingesetzt worden.

Murillos Antoniusbild war in seiner ganzen Auffassung und Darstellung etwas Neues, noch nie Dagewesenes. Es ist nicht zu verwundern, wenn dem Meister wiederholt Bestellungen von ähnlichen, wenn auch im Format kleineren, Gemälden des nämlichen Inhalts gemacht wurden. Es giebt zwei solcher Bilder, die sich als Nachklänge des großen Werkes in der Kathedrale zu Sevilla, auf den dritten oder vierten Teil des dort aufgewendeten Raumes zusammengedrängt, zu erkennen geben, und die zugleich bekunden, wie Murillo, der sich nicht leicht selbst wiederholte, einem einmal angeschlagenen Thema immer neue Seiten abzugewinnen wußte. Das eine dieser Bilder, in der Ermitage zu Petersburg, erscheint förmlich wie eine Fortsetzung der in jenem

Abb. 22. Die Geburt Mariä. Im Louvremuseum zu Paris.

begonnenen Erzählung, nur daß der Schauplatz aus dem Kloster hinaus auf die einsame Höhe eines Berges verlegt ist. Antonius kniet in derselben Stellung wie dort, nur beruhigter; seine Arme verharren unverändert in ihrer ausgestreckten Lage. Das Jesuskind — dasselbe Kind wie dort — hat den Schritt aus dem Engelreigen, der hier nur in einer Andeutung durch einige wenige niedliche Puttchen sichtbar ist, und aus dem Lichtgewölk heraus vollendet und ist auf das Buch getreten, welches aufgeschlagen vor dem Mönch liegt; es hat das rechte Händchen mit einer jetzt deutlich ausgesprochenen Bewegung des Segnens emporgehoben, und das linke in die geöffnete Rechte des Heiligen gelegt, dem es mit einer lieblichen Wendung des lockigen Köpfchens in die Augen schaut (Abb. 25). Während hier eine heilige Scheu den Sterblichen noch zurückhält, auch nur seine Hand um diejenige des in Kindergestalt zu ihm gekommenen Gottes zu schließen, sehen wir in dem anderen der beiden Bilder, das sich im Berliner Museum befindet und zweifellos das schönste Gemälde Murillos ist, welches Deutschland besitzt, die Scheu von der Liebesglut überwunden. Das göttliche Kind ruht in den Armen des Mönchs. Nie hat ein Maler aus tieferer Empfindung heraus geschaffen. Murillo hat es beim Gestalten dieses Bildes in der innersten Seele mit-

Abb. 23. Ecce homo. Im Museum des Prado zu Madrid.
(Nach einer Originalphotographie von Braun, Clément & Cie. in Dornach i. E. und Paris.)

Abb. 21. Das Jesuskind erscheint dem heiligen Antonius von Padua.
Altargemälde in der Kathedrale zu Sevilla.
(Nach einer Originalphotographie von J. Laurent & Cie. in Madrid.)

gefühlt, wie einem Menschen zu Mut sein muß, der seinen Gott umarmt. Thatsächlich das denkbar Vollkommenste des Ausdrucks hat er erreicht in dieser Verbindung einer unbegrenzten Ehrfurcht mit einer ebenso unbegrenzten Liebe, die sich in der Art und Weise ausspricht, wie Antonius das Kind auf seinen Armen hält: er möchte es an sich pressen und doch wagt er kaum, es mit den Fingerspitzen zu berühren. Das Kind aber schmiegt mit hingebender Zärtlichkeit seinen Kopf an den des Mannes und streichelt ihm nach echter Kinderart die Wange, zum großen Vergnügen seines Engelgefolges, aus dem nun einige auch auf den Erdboden herabgekommen sind. Einer der kleinen Engel hält die sinnbildliche Lilie hoch empor und wendet sich dabei nach seinen Genossen um, als ob er ihnen zuriefe, wie rein und unschuldig doch dieser Mensch sein müsse, dem die Gottheit eine körperliche Berührung gestatte (Abb. 26). — Wenn etwas groß ist an Murillo, größer als bei vielen der Besten, so ist es die ungekünstelte Wahrheit, mit der er der Innigkeit seiner Empfindungen künstlerischen Ausdruck giebt. Das Berliner Bild ist auch in Bezug auf den feinen Ton und den Reiz der Lichtwirkung ein vorzügliches Beispiel von Murillos Farbenkunst.

Nach der Vollendung des Altargemäldes für die Taufkapelle im Dom konnte, mit Ausnahme einiger eifersüchtigen Berufsgenossen, niemand mehr daran zweifeln, daß Murillo die Bezeichnung als „bester Maler von Sevilla" uneingeschränkt verdiente. Die jungen Maler suchten seinen Unterricht und schätzten und liebten ihn als Lehrer. Durch seine Bemühungen wurde im Jahre 1660 eine Kunstakademie in Sevilla gegründet, nicht ohne große Schwierigkeiten, welche dem Zustandekommen dieser Einrichtung in den Weg gelegt wurden durch den Neid jener Maler, die es nicht über sich bringen konnten, Murillo als den größeren zu erkennen. Die von dieser Seite ausgehenden Anfechtungen waren wohl auch der Grund, weshalb Murillo die Stellung als Vorsitzender der Akademie nur während des ersten Jahres ihres Bestehens aushielt. Er war seinem ganzen Wesen nach nicht dazu geschaffen, aus der Werkstatt herauszutreten und in Reibungen mit der Außenwelt seine Kraft zu verbrauchen.

Vom Domkapitel erhielt Murillo nach einigen Jahren einen weiteren, allerdings weniger gewichtigen Auftrag: die Ausführung von einigen zum Schmuck des Kapitelsaales bestimmten Bildern von geringer Größe. Dabei wurde ihm zugleich die Ausbesserung von vorhandenen Gemälden, allegorischen Darstellungen des im Jahre 1618 verstorbenen Pablo de Céspedes, eines richtigen „Manieristen", übertragen. Murillos Bilder befinden sich oberhalb der Wände des Kapitelsaales, zwischen den Stuckverzierungen der Überwölbung, einer länglichrunden Kuppel. Es sind acht rings herum verteilte Brustbilder von Heiligen und ein Marienbild von größerem Format an der dem Eingange gegenüberliegenden Seite. Sie stehen zwischen den kleinen Rundfenstern, welche die Kuppel durchbrechen, in gleicher Reihe mit diesen, befinden sich also in überaus ungünstigen Beleuchtungsverhältnissen. Da zudem der Saal sehr hoch ist, mußte Murillo mit starken Mitteln arbeiten, um seine Bilder zur Wirkung zu bringen. Die Brustbilder zeigen zunächst dem Marienbild die zwei königlichen Heiligen Hermenegild und Ferdinand (Abb. 27), dann die zwei heiligen Bischöfe von Sevilla, Isidor und Leander, darauf die heiligen Pius und Laureanus und zum Schluß die Stadtpatroninnen, die heilige Justa und die heilige Rufina; es sind sämtlich schöne, wirkungsvolle Köpfe. Das Marienbild zeigt eine Darstellung, welche den Sinn einer Verbildlichung der theologischen Lehre von der unbefleckten Empfängnis Marias hat. Die Jungfrau steht in den Wolken, mit gefalteten Händen und gesenkten Blicken; unter ihren Füßen ist der Mond, und ein goldfarbiger Lichtglanz umgiebt ihre ganze, mit einem weißen Gewand bekleidete und von einem blauen Mantel umwallte Gestalt; der Wolkenrand ist belebt von einer Schar köstlicher Kinderengel. — Diese liebliche Schöpfung Murillos ist eine von vielen des gleichen Inhalts, die er in den verschiedenen Zeiten seines Lebens mit nie versiegendem Reichtum der Einbildungskraft gestaltet hat. Er soll im ganzen mehr als dreißigmal die Verbildlichung der unbefleckten Empfängnis gemalt haben, das erste Mal vielleicht schon in seiner Anfangszeit; die letzten Behandlungen dieses Gegenstandes sind die bekanntesten und gefeiertsten Werke aus der

Abb. 25. Das Jesuskind erscheint dem heiligen Antonius. Im Eremitagemuseum zu Petersburg.
(Nach einer Originalphotographie von Braun, Clément & Cie. in Dornach i. E. und Paris.)

Endzeit seines Lebens. Es hat seinen besonderen Grund, daß gerade dieser Gegenstand im Lebenswerk des Sevillaner Malers eine so große Rolle spielt. Derselbe hat für Sevilla eine besondere Bedeutung. Die Lehre, daß die Mutter des Heilandes ausgenommen gewesen sei von der Behaftung mit dem Makel der Erbsünde, hatte damals noch nicht die Bedeutung eines Glaubenssatzes der katholischen Kirche — als solcher wurde sie erst im Jahre 1854 verkündigt —; sie war jahrhundertelang mit ebensoviel Eifer bestritten wie verteidigt worden. Aber seit dem Jahre 1617 war es durch ein päpstliches Breve untersagt, in öffentlicher Predigt jene Lehrmeinung als eine irrige anzugreifen. Daß es hierzu gekommen, sahen die Sevillaner als ihr Verdienst an. Einige Jahre vorher hatte nämlich in Sevilla ein Dominikaner, der die von seinem Orden immer behauptete Ansicht, Maria sei ebensogut wie die übrigen Nachkommen Evas mit der Erbsünde behaftet zur Welt gekommen, in seinen Predigten ausgesprochen und zu begründen versucht und dadurch die ganze Stadt in Aufregung versetzt; die Stadt stellte sich mit leidenschaftlich aufflammender Begeisterung auf die Seite der Franziskaner, welche die Ansicht von der vollkommenen Makellosigkeit Marias zu der ihrigen gemacht hatten. Die Sevillaner hatten dann eine Abordnung an König Philipp III entsendet, mit der Bitte, daß er, dem das Volk den Beinamen „der dritte Heilige" — der dritte neben dem westgotischen Königssohn Hermenegild und dem kastilischen Ferdinand III — gegeben hatte, seinen Einfluß beim päpstlichen Stuhl geltend machen möge, um zu bewirken, daß die Lehre von der unbefleckten Empfängnis Marias zum Glaubenssatz der Kirche erhoben würde. Der Erfolg war jenes von Paul V erlassene Breve gewesen. Seitdem entstanden in Sevilla Gemälde, welche dieser Lehre bildlichen Ausdruck geben sollten, in großer Zahl. Es bestand damals schon eine Form für die Verbildlichung des Lehrsatzes, die sich im Laufe der Zeit allmählich festgestellt hatte. Um die vollkommene Makellosigkeit Marias, die ihr vom ersten Augenblick ihres Daseins an verliehene Ausnahmestellung unter allen Menschenkindern, bildlich zu kennzeichnen, hatte man zuerst zu einer Häufung von Darstellungen gegriffen, die auf alle Stellen der heiligen Schrift, welche auf Maria und ihre übernatürliche Reinheit gedeutet wurden, hinwiesen. In der Mitte all dieser teils aus Figuren, teils aus Sinnbildern bestehenden Darstellungen erschien Maria selbst als das Weib der geheimen Offenbarung, „mit der Sonne bekleidet, den Mond zu ihren Füßen, auf ihrem Haupt eine Krone mit zwölf Sternen." Ein solches Bild war ohne eine gelehrte theologische Erklärung unmöglich zu verstehen; der Zweck eines Gemäldes, durch sich selbst zum Beschauer zu sprechen, war auf diese Weise nicht zu erreichen. Das fühlten die Maler und ließen daher immer mehr von dem umgebenden Beiwerk, das begreiflicherweise auch der Erzielung einer künstlerischen Wirkung Schwierigkeiten bereitete, weg. Die Kathedrale zu Sevilla besitzt ein Bild aus der Schlußzeit des XVI. Jahrhunderts, von der Hand des Juan de las Roelas, eines Sevillaners von flandrischer Abkunft. Da ist das Weib der geheimen Offenbarung dargestellt als eine anmutige Mädchengestalt, die betend und mit niedergeschlagenen Augen auf der Mondsichel steht; die Bekleidung mit der Sonne ist angedeutet durch einen sie umgebenden Lichtglanz, der in Vergoldung ausgeführt ist; über ihrem Kopf halten zwei Engel die Sternenkrone. Ihre Kleidung zeigt die bei Marienbildern von alters her üblichen Farben blau und rot; aber das Rot ist zu einer leichten Rosenfarbe geworden. Ganz oben im Bilde erscheint die heilige Dreifaltigkeit. Unten drängt sich in der Finsternis eine Schar schwarzer Teufel, die in ohnmächtigem Grimme emporgrinsen; Cherubim, zu beiden Seiten von Marias Füßen in Reihen geordnet, halten denselben krystallene Schilde entgegen. In dieser Darstellung der Abwehr der unreinen Geister durch das reine Krystall hat der Maler ein für seine an Allegorien gewöhnte Zeit leicht und vollkommen verständliches Mittel zur Bezeichnung der Reinheit gefunden. Darum hat er aber doch die Sinnbilder der mittelalterlichen Darstellungsweise noch nicht ganz weggelassen: links und rechts vom Kopfe Marias schweben Engel, welche herabhängende Ketten von aneinander gereihten Bildchen tragen, und in diesen Bildchen sind Dinge dargestellt, welche die sinnbildlichen Bezeichnungen Marias vergegenwärtigen, die in der Lauretanischen Litanei genannt werden. — Zu Murillos Zeit war man dazu übergegangen, unter Weglassung des gesamten schwerfälligen Beiwerks sich auf das Bild der über alles Irdische erhaben dastehenden Jungfrau zu beschränken. Selbst von den aus der geheimen Offenbarung entnommenen Zeichen wird nur der unter ihren Füßen befindliche Mond beibehalten, wohl mehr als ein gegebenes Mittel, um den Begriff der Höhe anzudeuten, als in dem hineingelegten Sinne, daß durch das Stehen auf dem Monde das Erhabensein über die Wandelbarkeit ausgedrückt werden solle. An das Sonnenkleid erinnert noch der goldfarbige Lichtton, von dem die Gestalt sich abhebt. Die Gestalt selbst ist heller als dieser helle Grund; die weiße Farbe ihres Kleides scheint zuerst aus malerischen Gründen gewählt und dann sinnbildlich gedeutet worden zu sein. Das Himmelsgewölk, welches die Jungfrau umgiebt, ist von Engeln in Kindergestalt belebt; wenn von diesen der eine oder andere bisweilen noch irgend ein

Abb. 20. Der heilige Antonius. Im königl. Museum zu Berlin. (Nach einer Originalphotographie von Franz Hanfstängl in München.)

Abb. 27. Der heilige Ferdinand. Im Kapitelsaale der Kathedrale von Sevilla.
(Nach einer Originalphotographie von J. Laurent & Cie. in Madrid.)

allgemein verständliches Sinnbild, welches die Reinheit bezeichnet — wie eine Lilie oder einen Spiegel —, in den Händen hält, so ist das nur eine ganz nebensächliche Beigabe, der keine wesentliche Bedeutung mehr beigelegt wird. — Murillo hat diese Darstellungsform nicht geschaffen; aber er hat sie mit der größten Vollkommenheit ausgestaltet. Keiner hat so wie er in der Gestalt der betenden Jungfrau selber die Reinheit zu verkörpern gewußt. Jedes von seinen Bildern der unbefleckten Empfängnis trägt mit vollem Recht den Namen, mit dem der Spanier die Darstellung dieses Geheimnisses zu bezeichnen pflegt; la Purisima, die Allerreinste. Und seine Farbentöne sind die wunderbarste Musik zu dem geistlichen Lobgesang von der Allerreinsten.

Das Bild der Immaculata im Kapitelsaal zu Sevilla ist durch ein hohes Maß von Lieblichkeit ausgezeichnet. Durch die Eigenschaft der Großartigkeit ragt ein im Museum zu Sevilla befindliches Bild über alle hervor. Dasselbe stammt aus dem Franziskanerkloster und nimmt schon durch seine räumliche Ausdehnung — es ist in überlebensgroßem Maßstab ausgeführt — eine besondere Stellung unter Murillos inhaltsgleichen Gemälden ein. Maria erscheint als eine majestätische Gestalt von mächtigen Formen. Sie ruht mit dem linken Knie auf einer weißen Wolke, ihr rechter Fuß tritt auf den Mond, der hier nicht als Sichel, sondern als volle Kugel erscheint, mit einer Bewegung, die weniger ein Aufstützen, als vielmehr ein Hinabdrücken ausspricht. Sie hat mit vorgestreckten Armen die Hände gefaltet und blickt mit einer Wendung des Kopfes hinab in die Tiefe. Die Tiefe scheint vor unseren Augen zu

Abb. 28. Die unbefleckte Empfängnis. Altargemälde aus dem großen Franziskanerkloster zu Sevilla; jetzt im Museum zu Sevilla.
(Nach einer Originalphotographie von J. Laurent & Cie. in Madrid.)

wachsen. Denn eine machtvolle Aufwärtsbewegung geht durch das Ganze. Die dichte Wolke scheint, schräg aufsteigend, sich zu heben; die unsichtbare Macht, welche sie emporbrückt, wird unterstützt durch vier Engelknaben, Gestalten von schon weiter entwickelter Körperbildung, als wie wir sie sonst bei Murillos Kinderengeln zu sehen gewöhnt sind. Der Zug nach oben treibt Marias Mantel in mächtig schlagenden Falten empor, und ihr Haar weht ausgebreitet zur Seite. Man empfängt den Eindruck, daß die überirdische Höhe, in der die Erhabene erscheint, sich zur Unermeßlichkeit steigert (Abb. 28).

Eine Darstellung der unbefleckten Empfängnis bildete auch einen Bestandteil eines bedeutenden Auftrages, den Murillo von einem ihm nahe befreundeten Mann, dem Dompräbendaten Don Justino de Neve, bekam. Die alte Kirche S. Maria de las Nieves (vom Schnee), im Volksmunde la Blanca (die Weiße) genannt, war neu hergestellt worden, und Don Justino stiftete zum Schmuck derselben vier Ölgemälde, welche vier Bogenfelder, zwei langgestreckte und zwei halbkreisförmige, ausfüllen sollten. Den Stoff der Darstellung gab für die beiden großen Felder die Legende über die Gründung von S. Maria Maggiore zu Rom, der ersten „Schneekirche", nach deren Beispiel später viele andere Marienkirchen den Beinamen „ad nives" bekamen. Für die kleineren Felder wurde eine Gegenüberstellung der unbefleckten Jungfrau und der katholischen Kirche — auch diese unter dem Bilde einer Jungfrau dargestellt — gewählt. Das Jahr 1665 wird als dasjenige angegeben, in welchem Murillo diesen Auftrag zu Ende führte. Die Gemälde schmückten die Kirche bis zur Besetzung Sevillas durch die Franzosen. Der Marschall Soult ließ sie bei der Plünderung der Kirchen und Klöster alle vier als seinen eigenen Beuteanteil einpacken. Doch gelang es, wenigstens die beiden größeren für Spanien zurückzugewinnen; sie befinden sich in der Akademie S. Fernando zu Madrid. Von den beiden kleineren ist das eine nach England in eine Privatsammlung gekommen,

Abb. 29. Der Traum des Patriziers Johannes. Gemalt für die Kirche Santa Maria la Blanca in Sevilla jetzt in der Akademie San Fernando zu Madrid.
(Nach einer Originalphotographie von J. Laurent & Cie. in Madrid.)

während die Immaculata in das Louvremuseum gelangt ist.

Dieses Gemälde unterscheidet sich von den übrigen Darstellungen des gleichen Gegenstandes dadurch, daß auf demselben nach mittelalterlicher Weise Bildnisse verehrender Menschen angebracht sind. Die Erscheinung der himmlischen Jungfrau ist ganz von einem goldigen Licht umgeben, in welchem Scharen kleiner Englein schwimmen. Nur links unten wird ein Stückchen irdischer Finsternis sichtbar, auch diese noch von einem goldfarbenen Dunst überzogen. An dieser Stelle befindet sich die Bildnisgruppe. Am weitesten zurück zwei Figuren, welche nebelhaft verschwimmen; das sind wohl verstorbene Angehörige des Stifters, deren Gesichtszüge der Maler nur andeutungsweise geben konnte. Weiter vorn zwei junge Leute und ein Knabe, in lebendigster Porträtmäßigkeit und in stofflicher Körperhaftigkeit ausgeführt; sie wenden die Blicke andachts- und vertrauensvoll der Himmlischen zu, von deren lieblichem Antlitz das Licht auszugehen scheint, das ihre Gesichter scharf beleuchtet. Sie werden auf Maria hingewiesen durch einen ganz im Vordergrunde in halber Figur sichtbaren Mann, unter dem wir uns zweifellos den Stifter vorzustellen haben, von dessen Gesicht man aber, da er sich vom Beschauer abwendet, nicht viel sieht. Dessen dunkle Kleidung setzt sich scharf ab von dem lichtüberstrahlten Saum der Wolke, auf welcher die Jungfrau steht, und scheidet in kräftiger Wirkung die irdische Gruppe von der himmlischen Erscheinung.

Die beiden großen Gemälde aus S. Maria la Blanca gehören zu Murillos trefflichsten Schöpfungen in malerischer Hinsicht. Wenn man zum erstenmal vor sie hintritt, so fällt es einem schwer, zu begreifen, daß diese so ganz malerisch und farbig gedachten, weich und duftig mit der höchsten Sicherheit und Leichtigkeit der Hand hingemalten Bilder denselben Urheber haben, wie die Bilder aus dem Franziskanerkloster, die man unmittelbar vorher in einem anderen Raum der nämlichen Sammlung gesehen hat. Unwillkürlich wird man durch die Hell- und Dunkelwirkung dieser Gemälde, durch das Hineinwirken höchster Lichter in Massen von tiefster Dunkelheit an des Meisters holländischen Zeitgenossen Rembrandt erinnert; aber der Unterschied ist der, daß die mächtige Lichtwirkung sich mit der reichsten, blühendsten Farbenpracht vereinigt, mit einer Farbenpracht, die derjenigen der großen Venezianer des XVI. Jahrhunderts nicht nachsteht. — Die in den beiden Gemälden behandelte römische Legende erzählt folgendes: Einem frommen Patrizier mit Namen Johannes erschien im Traum die Mutter Gottes und befahl ihm, an derjenigen Stelle der Stadt eine Kirche zu bauen, wo am nächsten Morgen Schnee liegen würde. Auf Zureden seiner Gemahlin begab sich Johannes gleich nach Tagesanbruch zum Papst Liberius, um diesem den wunderbaren Traum zu berichten.

Abb. 30. Der Patrizier Johannes vor dem Papst und die Gründung der Kirche Santa Maria ad nives in Rom. Gemalt für die Kirche Santa Maria la Blanca in Sevilla; jetzt in der Akademie San Fernando zu Madrid. (Nach einer Originalphotographie von J. Laurent & Cie. in Madrid.)

Der aber hatte in der Nacht die nämliche Erscheinung gehabt. Man fand an diesem Morgen — es war der 5. August — die Höhe des esquilinischen Hügels mit Schnee bedeckt, und hier wurde sofort der Grundstein zu der neuen Kirche gelegt. — Das eine Bild schildert den Traum des Patriziers (Abb. 29). Johannes und seine Gattin — selbstverständlich in die Tracht des XVII. Jahrhunderts gekleidet — sind in der bedeutungsvollen Nacht vom Schlafe übermannt worden, ehe sie dazu kamen, das Bett aufzusuchen; er schläft auf einem Stuhl am Tische, den Ellenbogen auf den Tisch gestützt und den Kopf in die Hand gelehnt; sie ist am Boden neben ihrem Arbeitskorb sitzend umgesunken und ruht mit dem Kopf auf einem Schemel. Wie ein aus Licht und

Duft gewobenes Gebilde erscheint über ihnen in einem goldigen, von Wolken umsäumten Schein, in Weiß und Blau die Jungfrau mit dem Jesuskind im Arm. Das ist wirklich traumhaft, wie diese körperlose und doch greifbar deutliche Lichterscheinung als etwas plötzlich sichtbar Werdendes das nachtschwarze Dunkel des Raums durchbricht und helle Beleuchtung auf das körperhafte Irdische, auf das farbig gekleidete Ehepaar, den mit rotem Tuch gedeckten Tisch, den Arbeitskorb der Frau und ein zu ihren Füßen schlafendes weißes Hündchen entsendet. Oben ist Licht in der Finsternis; unten wirken entschiedene Farben gegen den dunklen Hintergrund, bald kräftig abgesetzt, bald weich verschwimmend in Übergängen vom höchsten malerischen Reiz, indem hier ein Beschattetes von den letzten verlorenen Lichtstrahlen gestreift wird, so daß man eben noch seine Formen und Farben erkennt, und dort ein Beleuchtetes an der Schattengrenze von seinem Halbton überzogen wird. Außerhalb des Gemaches, dessen Seitenwand sich geöffnet hat, sieht man, mit den Blicken der Handbewegung der Madonna folgend, den beschneiten Berg und graue Schneeluft. — Das Gegenstück stellt die Audienz des Patriziers und seiner Gattin beim Papst dar (Abb. 30). Hier wird man auch durch die naive Formlosigkeit, mit welcher ein seiner Natur nach ceremoniöser Hergang sich abspielt, lebhaft an Rembrandt erinnert. Der Papst, der da unter einer Säulenhalle auf seinem Thron sitzt und seiner Verwunderung über dasjenige, was das vor ihm kniende Ehepaar berichtet, unverhaltenen Ausdruck giebt, scheint ein sehr gemütlicher Herr zu sein. Ein neben ihm stehender Monsignore, der die Ankömmlinge durch sein Augenglas betrachtet, bringt geradezu ein humoristisches Element in die Sache. Das Ehepaar hat sich in den höchsten Feiertagsstaat geworfen. Johannes hat über den goldbrokatenen Rock einen schwarzseidenen Mantel angezogen; seine Gattin hat sich ganz in helle Seide, die aus dem Weißen ins Gelbliche und ins Rosa-Violette schillert, gekleidet und mit kostbarem Schmuck geputzt. Auf die Gestalt der Frau sammelt sich die größte Helligkeit des Bildes. Der Papst sitzt im Schatten der Architektur. Das prächtige Purpurrot seines Schultermäntelchens und seiner Mütze wiederholt sich in der Polsterung des Thronsessels und im Fußkissen und klingt in abgeschwächter, mehr bräunlicher Tönung in dem großen Teppich nach, der den Boden bedeckt. Außerhalb der Säulenhalle sieht man in der Ferne den auf die Audienz folgenden Vorgang abgebildet: der Papst begiebt sich in feierlicher Prozession zu dem schneebedeckten Hügel, über dem im Gewölk wiederum die Madonna erscheint, wie um zu bestätigen, daß ihr Geheiß richtig verstanden worden sei. Dieser Ausblick ins Freie ist köstlich. Die in weißliche Wolken sich zerteilende Schneeluft, der ganze winterliche Duft, der die Prozession einhüllt, sind wunderbar fein gegeben. Murillo muß wohl einmal in Madrid Gelegenheit gehabt haben, einen solchen nordisch winterlichen Tag zu erleben, dessen unvergessenen Eindruck er hier verwertete.

Die Sammlung der Madrider Akademie enthält noch zwei andere Gemälde von Murillo. Das eine stellt die Auferstehung des Heilandes dar. Vor dem dunkelgrauen Steinsarg schlafen die bewaffneten Wächter, in Stellungen, die der Maler bis ins kleinste dem Leben abgelauscht hat. Christus schwebt mit einer roten Siegesfahne in der Hand über dem Grabe. Von seiner schön gebildeten Gestalt, die nur wenig von einem wehenden weißen Gewandstück verdeckt wird, geht ein goldiger Lichtschein aus, der seinen Helligkeitsmittelpunkt in einem die dunkelbraunen Locken des Hauptes umgebenden Strahlenkranz hat, und der, in bräunlicher Abtönung gegen die ringsum lagernde Finsternis eindringend, diese von der Gestalt des Auferstandenen fern hält. Die Gruppe der Wächter wird durch die von oben auf ihre braunen Gesichter, die eisernen Waffenstücke und die bunte Kleidung fallende Beleuchtung farbig belebt. — Dieses Bild stellt sich hier in der kleinen Sammlung, wo die wenigen, aber der Entstehungszeit nach weit auseinander liegenden Werke Murillos zu interessanten Vergleichen anregen, in überzeugender Weise als ein Mittelglied zwischen den Franziskanerbildern und den Gemälden aus S. Maria la Blanca dar. Jenen an Reiz des Lichtes und der Farbe weit überlegen, ist es diesen doch noch unähnlicher, weil dem Licht der weiche, duftige Zauber fehlt, der doch gerade bei der Gestalt eines Verklärten am rechten Platze wäre; auch fällt an dieser Gestalt selbst eine gewisse Be-

Abb. 31. Die heilige Elisabeth die Kranken pflegend.
Gemälde aus der Kirche des Hospitals de la Caridad zu Sevilla, in der Akademie San Fernando zu Madrid.
(Nach einer Originalphotographie von Braun, Clément & Cie. in Dornach i. E. und Paris.)

fangenheit in der Wiedergabe der Bewegung des Emporschwebens auf, worin man wohl ebenfalls ein Zeichen von ziemlich weit zurückliegender Entstehung erkennen darf. Aber auch das andere, umfangreichere Ge- mälde, das die heilige Elisabeth von Thüringen als Krankenpflegerin zeigt, würde man, oberflächlich nach der Malweise ur- teilend, für älter halten als die Bilder aus der Schneekirche. Hier ist nichts von jener wunderbaren Duftigkeit der Malerei; alles ist in feste und bestimmte Formen gebracht, die malerische Behandlung giebt allen Dingen ihre volle, deutliche Körperhaftigkeit; bei ruhiger Alltagsbeleuchtung ist auf jede Zauberwirkung des Lichtes verzichtet, und selbst die Farbenwirkung ist schlicht und anspruchslos. Und doch gehört das Bild einer späteren Zeit an; es ist gemalt worden als Bestandteil des Wandschmuckes einer Kirche, die erst im Jahre 1664 im Bau fertig wurde, deren Ausschmückung Murillo also sicher erst nach Vollendung seiner Arbeit für die Schneekirche in Angriff nehmen konnte. Man erkennt hier deutlich, wie dem waren an zwei Seitenaltären Bilder anzubringen, welche Heilige der Nächstenliebe in der Ausübung von Liebeswerken zeigten. Dazu kamen noch ein paar kleinere Bilder. Das in Rede stehende Bild der Landgräfin Elisabeth ist eines jener beiden Altargemälde (Abb. 31). Die Darstellung bewegt sich ganz in der Welt der irdischen Dinge. Sein geliebtes Bettelvolk hat Murillo mit der nämlichen Treue aus der Wirklichkeit heraus auf die Leinwand gebracht, wie er es vor zwanzig Jahren gethan. Er hat nichts gespart, um durch die Widerlichkeit der Gebrechen, die da zu sehen sind, die Selbstverleugnung der fürstlichen

Abb. 32. Moses schlägt Wasser aus dem Felsen. In der Kirche des Hospitals de la Caridad zu Sevilla.
(Nach einer Originalphotographie von J. Laurent & Cie. in Madrid.)

weit Murillo davon entfernt war, sich eine bestimmte Art und Weise auszubilden, die für alle Fälle passen mußte. Er hatte alle Mittel in der Hand und richtete seinen „Stil" nach dem gegebenen Gegenstande. Das hat er vielleicht mehr als irgendwo anders in eben dieser, für die Kirche des Hospitals de la Caridad (der christlichen Nächstenliebe) zu Sevilla geschaffenen Bilderreihe bewiesen, an der er etwa bis zum Jahre 1670 arbeitete.

Dem Meister war hier von dem ihm befreundeten Stifter des Hospitals eine sehr dankbare Aufgabe gestellt worden. Die Oberwände des Kirchenschiffs waren mit Gemälden zu schmücken, welche die leiblichen Werke der Barmherzigkeit in biblischen Vorbildern zur Anschauung brachten. Außer-

Krankenpflegerin in das hellste Licht zu setzen. Das Auge des Beschauers verweilt wider Willen auf dem Gesicht eines Jungen, der, mit einer ekelhaften Hautkrankheit behaftet, sich den Kopf kratzt und dabei eine aus Lust- und Schmerzgefühl gemischte Grimasse schneidet, wie sie der beste niederländische Genremaler nicht naturwahrer hätte wiedergeben können. Wenn das große Publikum, dem zu allen Zeiten an einem Kunstwerk dasjenige am meisten zusagt, was ohne ein Aufgebot von Sammlung und Vertiefung gewürdigt werden kann, in dem ganzen Bild nichts so sehr bewundert, wie diesen Jungen, so ist das freilich nicht Murillos Schuld. Der Maler hat das Seinige gethan, um die heilige Krankenpflegerin zum bewunderungswürdigsten Mittelpunkt des

Bildes zu machen. Kann man sich etwas Vornehmeres denken, als die Art, wie die Fürstin mit ihren feinen Händen den Kopf des wahrscheinlich an jenem nämlichen Übel leidenden Burschen behandelt, ohne an etwas anderes zu denken, als an die Erfüllung dessen, was ihr die Nächstenliebe gebietet, mit dem ruhigen Ausdruck einer barmherzigen Schwester in den Zügen? Sie verrichtet das Liebeswerk, das sie sich zur Aufgabe gemacht hat. Das sagt uns der Künstler ohne jede Phrase. Da ist ebensowenig von der Übertriebenheit des Ausdrucks vorhanden, durch welche andere Maler des XVII. Jahrhunderts zu wirken suchten, wie ist die so hoch künstlerische scheinbare Kunstlosigkeit der Anordnung. Die Helligkeiten und Dunkelheiten sind scheinbar auch nur so verteilt, wie es eben der Zufall mit sich brachte. In der Farbe herrschen Schwarz und Grau vor; die einzigen sehr lebhaften Töne sind in dem blauen Rock und dem roten Unterrock der Bettelfrau und in der roten Schärpe der im Profil stehenden Hofdame enthalten. Ein feiner Luftton überzieht die in der Ferne als Nebenbild sichtbare Darstellung, wie die genesenen Kranken unter einer hohen Bogenhalle des Schlosses bewirtet werden.

Das Hospital de la Caridad zu Sevilla

Abb. 83. Die Speisung der Fünftausend. In der Kirche des Hospitals de la Caridad zu Sevilla. (Nach einer Originalphotographie von J. Laurent & Cie. in Madrid.

von der Heiligthuerei, die den Kirchenbildern unserer Zeit eigen zu sein pflegt. Die Ruhe der Heiligen wirkt auch auf die sie bedienenden Hofdamen hinüber, obgleich die eine derselben es doch nicht vermeiden kann, den Kopf ein wenig zur Seite zu wenden. Eine alte Hofmeisterin, die weiter zurück im Schatten steht, scheint das Thun ihrer jungen Herrin zwar sehr entschieden zu mißbilligen, aber sie wagt doch nichts zu sagen. Das ist alles ganz einfach, ganz natürlich. Wie in der Auffassung, so ist auch in der malerischen Erscheinung das vollständig gelungene Vermeiden von allem, was wie Absichtlichkeit aussehen könnte, die hervorstechendste Eigenschaft dieses Bildes. Was vom malerischen Gesichtspunkte aus zuerst und am meisten an demselben überrascht, besteht heute noch. Aber es besitzt nur mehr einen Bruchteil des einstigen reichen Gemäldeschmucks seiner Kirche: zwei von den Verbildlichungen der Barmherzigkeitswerke, das Altarbild, dessen Gegenstück das Elisabethbild war, und drei kleine, außerhalb des leitenden Gedankens von der Nächstenliebe stehende Bilder. Das übrige wurde bei der Ausraubung der Klöster im Jahre 1810 weggenommen.

Die ursprüngliche Anordnung der Barmherzigkeitsbilder war folgende. An der südlichen Langwand reihten sich drei Gemälde aneinander, die in Darstellungen aus dem Alten Testament und der Parabel das Tränken der Durstigen, das Beherbergen der Fremden, das Bekleiden der Nackten schilderten: Moses schlägt das Wasser aus

Abb. 31. Der heilige Johannes von Gott einen Kranken tragend.
In der Kirche des Hospitals de la Caridad zu Sevilla.
(Nach einer Originalphotographie von J. Laurent & Cie. in Madrid.)

Leichen der Hingerichteten bestattet, soll sich noch im Besitz des Hospitals befinden.

Die an ihren Plätzen verbliebenen sind die figurenreichen, durch bedeutend größere Breitenausdehnung vor den übrigen ausgezeichneten Hauptbilder einer jeden Wand: die Speisung der Fünftausend und das Wasser aus dem Felsen. Beide sind großartige Meisterwerke (Abb. 32 u. 33). Das alttestamentliche Bild trägt die Stimmung eines schwülen Sommertags. Silberhell springt die Quelle aus der dunklen Schattenseite des Felsens. Man fühlt die Erfrischung, welche die Trinkenden genießen. Moses spricht das Dankgebet, und alles freut sich über die Befreiung von der Qual des Durstes. Das Wasser ist in Überfluß vorhanden, und auch den Tieren wird uneingeschränkte Labung vergönnt. Einzelne Gruppen heben sich aus dem Menschengewoge sprechend hervor. So eine junge Frau, die ihre Kinder trinken läßt; wie durstig ist das wartende kleine Mädchen, und wie schmeckt es dem Jungen, der den Napf am Munde hat! Auf dem Rücken eines gierig saufenden Schimmels wendet sich ein prächtiger Knabe, dessen Durst gelöscht ist, nach dem Beschauer um und weist freudig auf das Wunder hin. Die reiche malerische Wirkung des von zahllosen Figuren angefüllten Bildes wird zusammengehalten durch einen feinen goldigen Ton, dem die einzelnen Farben sich unterordnen. — Das Gegenstück ist vielleicht noch wirkungsvoller. Auf einer von Felsen überragten

dem Felsen, Abraham bewirtet die Engel, der Vater des verlorenen Sohns gibt diesem das beste Kleid. An der nördlichen Wand die aus den Evangelien und der Apostelgeschichte entnommenen Darstellungen des Speisens der Hungrigen, des Pflegens der Kranken, des Befreiens der Gefangenen: Christus speist die Fünftausend, er heilt den Lahmen am Teich Bethesda, der Engel des Herrn führt den Apostel Petrus aus dem Kerker. Die Verbildlichung des siebenten Barmherzigkeitswerkes, des Begrabens der Toten, kam nicht zur Ausführung, wohl nur aus Rücksichten auf die Symmetrie der Anordnung; ein gezeichneter Entwurf Murillos zu der Darstellung, wie Tobias die

Anhöhe sitzt der Heiland — wohl das schönste Christusbild, welches Murillo geschaffen hat, — und segnet aufwärts blickend die fünf Brote, die einer der ihn umgebenden Jünger ihm in den Schoß legt. Am Boden sieht man den geleerten Brotkorb. Ein Junge aus dem Volk bringt zwei Fische herbei, die Petrus ihm abnimmt. Zwei der Jünger haben sich umgewendet und blicken in die weite lichte Landschaft hinaus, wo die fünftausend Zuhörer sich scharen, von der Ebene aus den Abhang des Hügels hinan, bis in die Nähe des Heilands, wo sich im Vordergrund, wenige Schritte von seinen Füßen entfernt, eine Frauengruppe niedergelassen hat. Auf diese Gruppe fällt ein helles Licht, hinter ihr legt sich ein Wolkenschatten über Volk und Landschaft, die Ferne ist wieder beleuchtet. Über dem Horizont liegt graues Gewölk, das nach links, wo die Linie des ansteigenden Hügels sich in feinen Tönen abhebt, in geballte weiße Massen übergeht. Der nach vorn sich hinausziehende Gipfel des Hügels und ein Teil der Apostel sind wieder in Schatten gehüllt, so daß hier gerade unter der weißen Wolke eine große Dunkelheitsmasse entsteht, die den Hintergrund für die farbigen, kräftig beleuchteten Hauptfiguren giebt.

Das der Hospitalkirche erhaltene gebliebene Gegenstück zu dem Altarbild der heiligen Elisabeth ist einem Helden der Nächstenliebe gewidmet, der in Spanien thätig war und der so viel Gutes wirkte, daß schon die Mitwelt zu seinem Namen Johannes den Beisatz „von Gott" hinzufügte. Der heilige Johannes von Gott — mit diesem Namen war er kurze Zeit vor der Errichtung des Hospitals de la Caridad unter die

Abb. 35. Die Befreiung des heiligen Petrus.
Gemälde aus der Kirche de la Caridad zu Sevilla, im Ermitagemuseum zu Petersburg.
Nach einer Originalphotographie von Braun, Clément & Cie. in Dornach i. E. und Paris.

Kirchenheiligen aufgenommen worden — war wohl das besondere Vorbild des Stifters dieser großen Wohlthätigkeitsanstalt. Wie ten, ging aus seiner Anregung hervor. Er fand seinen Tod in einem Liebeswerke. Bei der Rettung eines Ertrinkenden aus dem

Abb. 36. Der Erzengel Raphael als Schutzengel.
Vom Hauptaltar der Kapuzinerkirche, jetzt in einer Sakristei der Kathedrale zu Sevilla.
(Nach einer Originalphotographie von J. Laurent & Cie. in Madrid.)

dieser hatte er in seiner Jugend wild gelebt, dann aber seine Habe und sein ganzes Leben den Werken der Barmherzigkeit geopfert. Granada verdankte ihm zwei große Krankenhäuser, und der Orden der Krankenpfleger, die sich den barmherzigen Schwestern in gleicher Thätigkeit zur Seite stellen, angeschwollenen Jenil zog der 55jährige Mann sich eine Krankheit zu, der er nach wenigen Tagen erlag (im Jahre 1550). Murillo hat diesem Menschenfreund ein Gemälde von eigentümlicher, packender Großartigkeit gewidmet (Abb. 34). Einst war derselbe, als er bei der Ausübung eines

Liebeswerkes sich verspätet und den Weg verfehlt hatte, wie durch ein Wunder der Gefahr eines Sturzes in den Jenil ent- Aufrichtens würde ihn ins Wasser führen. Da tritt ein Engel ihm zur Seite, um ihn zu halten. Der Retter ist im Augenblick

Abb. 37. Die heilige Justa und die heilige Rufina, Schutzpatroninnen von Sevilla.
Vom Hauptaltar der Kapuzinerkirche, jetzt im Museum zu Sevilla.
(Nach einer Originalphotographie von J. Laurent & Cie. in Madrid.)

gangen; das ist hier als ein sichtbares Wunder verbildlicht. Dicht am Rande des Stroms ist der Heilige unter der Last eines halbentseelten Mannes, der als eine unbehilfliche Bürde auf seinen Schultern liegt, erschöpft zusammengesunken; ein Schritt des der äußersten Gefahr gekommen wie der Blitz; und wie von einem Blitzstrahl sind die drei Figuren beleuchtet. Die Vorstellung von einer plötzlichen, blendenden Lichterscheinung wird auf das lebhafteste hervorgerufen durch das Verschwinden der ganzen Umgebung in völliger Lichtlosigkeit; die schwache Mondsichel am Himmel, ein erleuchtetes Fenster in der Nähe, vor dem zwei Kinderköpfchen — zuschauende Englein — erscheinen, die Laterne in einem fernen Thorweg ist dem übernatürlichen Lichtblitz gegenüber wie von Schwärze überzogen. Die hellgelbe Farbe des Engelgewandes erhöht den Eindruck des grellen Aufleuchtens im Finsteren. Der Heilige, der den Himmelsboten in höchster Ergriffenheit anstarrt, fesselt den Beschauer durch die sprechende Lebenswahrheit und Eigenart seines prächtigen Kopfs aus dem spanischen Volke.

In ähnlicher Wirkung als ein plötzlich im Dunkel aufflammendes Licht erscheint der Engel, welcher die Kerkerbande des heiligen Petrus löst und den Apostel von der Seite des schlafenden Wächters hinweg ins Freie führt, in dem jetzt in der Sammlung der Ermitage zu Petersburg befindlichen Gemälde (Abb. 35).

Die drei übrigen Bilder aus der Folge der Barmherzigkeitswerke sind in englische Privatsammlungen gelangt.

Die drei kleineren Bilder von Murillo, die sich noch in der Kirche der Caridad befinden, sind eine nur in halber Lebens-

Abb. 38. Der heilige Joseph mit dem Jesuskind.
Im Ermitagemuseum zu Petersburg.
(Nach einer Originalphotographie von Braun, Clément & Cie. in Dornach i. E. und Paris.)

Abb. 39. Madonna. In der Gemäldesammlung des Palastes Corsini zu Rom.

große ausgeführte Verkündigung Marias und zwei in die oberen Bekrönungen von Seitenaltären eingelassene entzückende Dabei handelte es sich um einen großen, aus einem Hauptbild und mehreren an dasselbe angeschlossenen Nebenbildern zusammen-

Abb. 40. Der heilige Antonius von Padua mit dem Jesuskind.
Vom Hauptaltar der Kapuzinerkirche, jetzt im Museum zu Sevilla.
(Nach einer Originalphotographie von J. Laurent & Cie. in Madrid.)

Kinderbilder, hier das Jesuskind, dort der kleine Johannes.

Unmittelbar nach der Bewältigung dieser großen Aufgabe ging Murillo an eine noch umfangreichere Arbeit, an die Anfertigung der sämtlichen Altargemälde für die im Jahre 1670 vollendete Kapuzinerkirche. gesetzten Aufbau über dem Hochaltar und um eine Anzahl von sonstigen, teils zusammengehörigen, teils einzelnen Gemälden — im ganzen neunzehn Bilder.

Gleich darauf, im Jahre 1673, wurde ihm die Ausschmückung der Altäre der Augustinerkirche übertragen.

In diesen Werken hat Murillo sein Bestes gegeben. Man muß das Provinzialmuseum zu Sevilla, wo die Mehrzahl der annähernd den Eindruck von der Größe seiner Meisterschaft wie hier.*)

Von den Bildern aus der Kapuziner-

Abb. 41. Der heilige Felix von Cantalicio mit dem Jesuskind.
Vom Hauptaltar der Kapuzinerkirche, jetzt im Museum zu Sevilla.
(Nach einer Originalphotographie von J. Laurent & Cie. in Madrid.)

Kapuzinerbilder und ein paar Hauptbilder von den Augustinern vereinigt sind, gesehen haben, um seine Bedeutung als Künstler voll zu würdigen. Im Madrider Museum empfängt man trotz der kostbaren Perlen, die sich unter den 46 Gemälden, welche dort seinen Namen tragen, befinden, nicht kirche fehlen nur drei in der Sammlung: das große Hauptaltarblatt, das den heiligen Franz von Assisi im Anblick der Er-

*) Es ist sehr zu bedauern, daß die photographischen Aufnahmen von Braun & Cie. in Dornach sich nicht auf das Museum von Sevilla erstreckt haben.

Abb. 42. Maria Verkündigung.
Altargemälde aus der Kapuzinerkirche, jetzt im Museum zu Sevilla.
(Nach einer Originalphotographie von J. Laurent & Cie. in Madrid.)

scheinung von Christus und Maria darstellt, und ein Paar von Gegenstücken, die Erzengel Raphael und Michael. Des ersteren hatte sich das Kloster schon vor der Bilderräuberei der Franzosenzeit freiwillig entäußert — es steht nicht fest, aus welchem Grunde. Man weiß nicht, wo es schließlich hingelangt ist. Das Raphaelbild befindet sich in einem Nebenraum (in der Sagrestia de los cálices) der Kathedrale zu Sevilla. Die Kapuziner schenkten es nach dem Abzug der Franzosen der Kathedrale als Dankesgabe für die gelungene Rettung ihrer Gemälde. Der Erzengel ist dargestellt als der Geleiter eines Kindes; er hat den Knaben, der an seiner Seite schreitet, an der Hand gefaßt und zeigt mit der Rechten nach der Höhe, nach einem Lichtstrahl, der die dichte Finsternis der Umgebung durchbricht. Dieses ansprechende Gemälde ist das Urbild zahlloser späterer Schutzengeldarstellungen (Abb. 36). Das Bild des Engels Michael ist verschwunden.

Die Bilder, welche ehemals in ihrer Vereinigung die Seitenteile des Hochaltars ausmachten, zeigen Darstellungen verschiedener Heiligen. Da sind zunächst die Schutzheiligen von Sevilla, Justa und Rufina, in einem Bilde vereinigt (Abb. 37). Die beiden Glaubenszeuginnen halten gemeinschaftlich das Abbild eines Turmes; das ist das stolze Wahrzeichen der Stadt, deren Boden sie in der Römerzeit mit ihrem Blut getränkt haben, der aus einem maurischen Minaret hervorgegangene Glockenturm der Kathedrale, die Giralda, das höchste Bauwerk Spaniens. Die beiden Gestalten heben sich farbenreich von dem grauen Hintergrund einer bewölkten Luft ab. Wer den schönsten Murillo, den Italien besitzt, die Madonna in der Sammlung des Palastes Corsini zu Rom (Abb. 39), gesehen hat, der erkennt mit Überraschung in dem Kopf der heiligen Justa dasselbe blasse, von dichtem, schwarzem Haar umrahmte Antlitz, dieselben

Abb. 43. Die heilige Nacht.
Altargemälde aus der Kapuzinerkirche, jetzt im Museum zu Sevilla.

unvergeßlichen Augen wieder, durch welche jene Maria, die zwischen wucherndem Gestrüpp am Fuß einer zerfallenen Mauer sitzt und ihr Kind in Sorge an sich drückt, sich einem so nachhaltig ins Gedächtnis prägt; nur daß hier das ganze Gesicht frischer erscheint und daß der ergreifende Ausdruck schwerer Besorgtheit fehlt, der jenem merkwürdigsten von Murillos Madonnenbildern eigen ist. Man sieht, der Meister hat ein und dasselbe lebende Vorbild in verschiedener Auffassung zu verschiedenen Darstellungen zu benutzen gewußt. — In dem Gegenstück zu den beiden Sevillaner Märtyrinnen sind die glaubenseifrige Bischof der alten Hispalis, Leander, und der größte Gelehrte des Ordens, dem die Kapuziner angehören, der heilige Bonaventura, zusammengestellt. Bonaventura trägt über der braunen Franziskanerkutte den rotseidenen Kardinalskragen; in den Händen hält er ein Buch und das Modell eines gotischen Kirchenbaus. Der heilige Leander, eine Gestalt von schlagender Glaubhaftigkeit, erscheint in weißem Kirchenornat, mit dem goldenen Bischofsstab in der Hand — die abgelegte Mitra hält ein Engelknabe, der am Rand des Bildes steht —; mit der anderen Hand zeigt der Bekehrer des heiligen Hermenegild einen Zettel mit den Worten: Credite, o Gothi, consubstantialem Patri (Glaubt, o Goten, an die Wesensgleichheit des Sohnes mit dem Vater). Das Gemälde besitzt eine eigene Größe in der Wirkung seiner wenigen, in großen Massen angeordneten Farben. — Weiter stehen sich Johannes der Täufer und der heilige Joseph als Gegenbilder gegenüber. Johannes, eine durch scharfe Beleuchtung hervorgehobene sehnige Männergestalt mit bräunlicher Haut und schwarzem, wirrem Haar, mit einem sehr bedeutenden Kopf von echt spanischem Schnitt, faltet, an einen Felsen der Wüste gelehnt, die knochigen Hände und wendet den Blick empor, der unsichtbaren Quelle des Lichts entgegen, das die blauschwarze Wolkennacht durchbricht. Joseph ist als zur Zeit der Flucht in dem Ruinenland Ägypten verweilend gedacht. In den Resten eines zerfallenen Gemäuers, das einige antike Bauformen aufweist, auf einer Art von Terrasse stehend, hat er das Jesuskind, das etwa vierjährig erscheint, vor sich auf einen Baustein gestellt und hält es mit beiden Händen fest. Der Knabe, in ein helles Röckchen von weicher Lilafarbe gekleidet, lehnt sich an die in violettgraue und dunkelgraugelbe Gewänder gehüllte Gestalt des Pflegevaters und schmiegt seinen Lockenkopf an dessen Brust, während er den Blick voll auf den Beschauer heftet. Joseph aber wendet seinen kräftig geschnittenen Kopf, dem die wallende Fülle des dichten Haares eine besonders mächtige Erscheinung giebt, seitwärts und späht mit scharfen Augen hinaus in die Landschaft, deren lichte Ferne sich weithin unter dem blauen, von Gewölk durchflogenen Himmel ausdehnt; hochaufgerichtet hält er Umschau, ob nirgends zwischen den weißen Bauwerken oder auf den Höhen der Hügelkette Verfolger nahen. Murillo hat das unbestreitbare Verdienst, den Beschützer der Kindheit Jesu, aus dem die meisten älteren Maler eine recht nichtssagende Persönlichkeit gemacht haben, während die neueren ihn mit einem Übermaß von schwächlicher Weichheit und dem Ausdruck von Frömmelei auszustatten pflegen, in all seinen verschiedenen St. Josephsbildern — die im einzelnen voneinander abweichen in der Bildung des Kopfes — in würdiger Weise als eine ausdrucksvolle, kräftige Männererscheinung aufgefaßt zu haben (vergl. Abb. 38). — In nach oben spitz zulaufenden Feldern, die sich unter den Anfängen des Bogens, welcher den ganzen Aufbau des Hochaltars abschloß, befunden haben, sind zwei Heilige der Entsagung, denen beiden das Jesuskind erscheint, in Halbfiguren dargestellt (Abb. 40 und 41). In dem einen Bild steht das Kind vor dem heiligen Antonius von Padua, der es mit glühender Innigkeit betrachtet, auf dessen Gebetbuch. In dem anderen ruht es in den braunen Händen eines Greises mit dem Bettelsack, des heiligen Felix, und streichelt dessen struppigen Graubart. Auf beiden Bildern leuchtet der Kindeskörper wie das Licht in der Finsternis in der Umgebung von Braun und Grau; besonders schön auf dem letztgenannten, in dem die wenigen Töne wundervoll zusammengestimmt sind.

Die einzelnen Altarbilder aus der Kapuzinerkirche übertreffen eins das andere an Schönheit. Das größte derselben stellt die Verkündigung Marias dar, ein kleineres die unbefleckte Empfängnis, ein anderes die Klage um den Leichnam Christi; sechs von

Abb. 41. Die unbefleckte Empfängnis.
Aus der Kapuzinerkirche, jetzt im Museum zu Sevilla.
(Nach einer Originalphotographie von J. Laurent & Cie. in Madrid.)

Abb. 45. Die unbefleckte Empfängnis.
Altargemälde aus der Kapuzinerkirche, jetzt im Museum zu Sevilla.
(Nach einer Originalphotographie von J. Laurent & Cie. in Madrid.)

Ab. 46. Der heilige Felix von Cantalicio.
Altargemälde aus der Kapuzinerkirche, jetzt im Museum zu Sevilla.
(Nach einer Originalphotographie von J. Laurent & Cie. in Madrid.)

übereinstimmender Größe zeigen eine nochmalige Darstellung der unbefleckten Empfängnis, die Anbetung der Hirten, die Weltentsagung des heiligen Franciscus, nochmals den heiligen Antonius und den heiligen Felix und die Almosenspende des heiligen Thomas von Villanueva.

Zu diesen neun großen Gemälden kommt noch ein kleines Juwel, ein Madonnenbildchen von kaum 60 Centimetern im Quadrat, von dem die Sage zu erzählen weiß, Murillo habe eine Serviette vom Eßtisch genommen, um dasselbe darauf wie mit Zauberhand entstehen zu lassen; daher führt es den Beinamen „de la servilleta". Es ist nicht zu verwundern, daß sich an dieses mit glücklichster Leichtigkeit geschaffene Meisterwerk die Vorstellung von etwas Außergewöhnlichem geheftet hat. Aus dem schwarzen Hintergrund löst sich farbig das Brustbild Marias, und von den Armen der Mutter aus streckt das leuchtend helle Kind sich vor, auf den Beschauer zu. Das Kind ist so körperhaft gemalt, daß es vor den Rahmen herauszukommen scheint, und seine großen Augen sprechen so lebhaft, als ob es einen gleich anreden wollte. Der Blick des Jesuskindes wird von dem ruhigen und milden Blick Marias begleitet. Es liegt etwas Unbeschreibliches in dem Bann dieser vier dunklen Augen.

In dem Bild der Verkündigung (Abb. 42) weicht die Anordnung von der herkömmlichen Weise, an der auch Murillo in seinen früheren Behandlungen dieses Gegenstandes festhielt, dadurch ab, daß der Himmelsbote der betenden Jungfrau gerade von vorn entgegentritt, so daß diese ihn sieht, ohne sich umzuwenden, und sich dem Beschauer in gerader Seitenansicht zeigt. Hierin fand der Künstler das Mittel, eine ungemein ansprechende Schlichtheit in die Gestalt Marias zu legen. Gabriel senkt sich auf einer Wolke aus der Höhe herab, wo, von einem Chor kleiner Engel umgeben, der heilige Geist im Lichtglanz schwebt. Auf den Gruß des Himmelsboten richtet Maria den Kopf auf, so daß sie ihm gerade entgegensieht; unwillkürlich erheben sich ihre Hände über das Gebetbuch, auf dem sie ruhten. Der Eindruck des Bildes wird sehr wirkungsvoll gesteigert dadurch, daß durch die Art der malerischen Behandlung Maria als ein irdisches Wesen von fester Körperhaftigkeit deutlich von den himmlischen Lichtgestalten unterschieden wird; ganz besonders kommt ihr feiner Kopf durch seine Wirklichkeitserscheinung gegenüber dem Körperlosigkeit der zerfließenden Lichtgewölk, von dem er sich abhebt, bedeutsam zur Geltung.

Ein Meisterwerk ersten Ranges ist die Anbetung der Hirten, ein Prachtstück von farbenreicher Helldunkelwirkung. Der nächtliche Himmel, den man außerhalb des verfallenen Stallgebäudes sieht, hellt sich unten im ersten Morgengrauen auf. Von diesem schwachen, farblosen Lichtschimmer am Rande des Bildes nimmt eine zusammenhängende Helligkeitsmasse ihren Ursprung, die sich mit stetig wachsender Kraft in das Bild hineinzieht: das graue Gemäuer des eingestürzten Eingangsbogens wird von einem geheimnisvollen Lichtstrahl gestreift, dann wird der bräunliche Kopf eines alten Hirten von diesem Himmelslicht voll beleuchtet, und die Helligkeit endigt mit der höchsten Steigerung von Licht und Farbe in der Krippe, wo Maria ihr feines, zartes Gesicht über das in weißen Windeln auf gelbes Stroh gebettete Kind beugt; an ihrer Brust und ihren Armen wird das vollfarbige Rot und Blau ihrer Kleidung mit in das übernatürliche Licht hineingezogen, das auf dem Kind seinen Sammelpunkt hat. Im Vordergrund bildet die aus einem Mann, einem Knaben und einem halbwüchsigen Mädchen bestehende Hirtengruppe eine dunkle Masse von lebendig bewegten Umrissen, in der das von draußen kommende schwache Dämmerlicht im Widerstreit mit den von der Krippe ausstrahlenden warmen Reflexen die einzelnen Formen auseinander hält. Das sind prachtvoll: andalusische Bauersleute, besonders schön das junge Mädchen, dessen ungekämmtes Haar und brauner Nacken sich von der blaugrauen Dämmerung abheben. Joseph steht im Halblicht an der Mauer. Die oben im Stall lagernde nachtschwarze Finsternis wird durch die Lichtgestalten zweier Kinderengel unterbrochen, die sich jubelnd in einer goldenen Wolke tummeln (Abb. 43).

Ganz verschieden von dieser heiligen Nacht ist das andere Nachtstück, das die Klage um den Leichnam Christi darstellt. Hier ist durch den Verzicht auf jeden Farbenzauber eine ergreifende Stimmung erzielt. Wie schrille Klagelaute wirken die

Abb. 47. Die Weltentsagung des heiligen Franciscus.
Altargemälde aus der Kapuzinerkirche, jetzt im Museum zu Sevilla.
(Nach einer Originalphotographie von J. Laurent & Cie. in Madrid.)

grell und schroff in zerrissenen Massen in das tiefschwarze Dunkel gestreuten Lichter, die uns vier Gestalten zeigen: die mit ausgebreiteten Händen zum Himmel aufjammernde Mutter, den mit dem Kopf auf ihrem Schoße ruhenden, auf ein weißes Tuch gebetteten heiligen Leichnam und zwei weinende Engelkinder. Fast keine andere Farbe zwischen dem Schwarz, als Weiß und Fleischtöne; denn die Gewänder Marias sind ganz dunkel. Die schwarze Masse des Hintergrundes ist eine Felsenwand; das erkennt man an einem Stückchen Umrißlinie, das an einer Seite vor einer schwach flimmernden Andeutung der Helligkeit, durch welche sich am Horizont der Himmel von der Erde abgrenzt, sichtbar wird.

Von den beiden Bildern der Immaculata zeigt das eine die Jungfrau in halb kindlicher Bildung, von einer großen Anzahl reizender kleiner Engel umgeben, von denen einige Sinnbilder tragen, eine Lilie, eine weiße Rose, einen Palmenzweig, einen Spiegel (Abb. 44). Auch in dem anderen, das zunächst durch die außerordentliche Einfachheit der Linien, mit der es komponiert ist, auffällt, ist Maria mehr Kind als Jungfrau. Sie hat die beiden Hände nebeneinander auf die Brust gelegt und blickt nach oben, wo Gott Vater mit zum Segen ausgebreiteten Händen erscheint, als eine Lichtgestalt in schimmerndem Lichtduft, dessen Helligkeit die Farben seiner Gewänder überflutet. Englein, wie aus Lichtstoff gebildet, umgeben den Gott und füllen den Raum bis zu dem lichten Rand der Wolke, von welcher Maria getragen wird; je weiter sie sich herabsenken, desto körperhafter wird ihre Erscheinung. Unterhalb der Wolke sieht man den Erdball im Dunkeln liegen; der höllische Drache hat seine Tatze darauf gelegt. Die Ruhe in der Haltung und in den Umrissen Marias, deren Gewänder sich kaum bewegen, geben dem Bild etwas eigentümlich Feierliches; auch das Leben der Engelchen ist von einer feierlichen Ergriffenheit erfüllt, die nur bei einem der kleinen Himmelskinder einem Drange nach stärkerer Bewegung weicht (Abb. 45). In der Reihe von verschiedenen Auffassungen, die Murillo seinen Darstellungen der Allerreinsten zu geben wußte, steht dieses Werk an einem Endpunkt, der jenem viel älteren Gemälde aus der Franziskanerkirche, wo alles von mächtiger Bewegung durchdrungen ist und Maria als eine reife Gestalt von göttlicher Erhabenheit erscheint, gerade entgegengesetzt ist. Die kindliche Gestalt Marias in diesem Bilde hat noch ein persönliches Interesse. Die Überlieferung behauptet, Murillo habe hier seine Tochter abgemalt, die sich dem Klosterleben weihte. Wenn das wahr ist, so würde hier auch die Andeutung der in den Krallen des Bösen liegenden Welt eine besondere Bedeutung haben.

Die Flucht des Frommen aus der Welt ist der Gegenstand des Gemäldes, welches den heiligen Franz von Assisi darstellt (Abb. 47). Es ist eine Allegorie. Das Kreuz Christi steht in einer wilden Landschaft. Dunkle Wolken verhüllen den Himmel; man fühlt den rauhen Wind, der sie jagt. Franciscus, in geflickter brauner Kutte, stößt eine blaue Kugel, welche die Welt bedeutet, mit dem Fuße fort und umarmt den Gekreuzigten, der die rechte Hand vom Kreuze löst, um damit den Heiligen an seine blutende Seite zu drücken. Es ist unmöglich, den Gedanken mit tieferer Empfindung auszusprechen. Auf die Anbringung seiner niedlichen Engelkinder hat Murillo auch hier nicht ganz verzichtet. Neben dem Kreuz schweben zwei der kleinen Wesen, von denen das eine mit ernsthaftem und ergriffenem, dabei aber doch ganz kindlichem Gesicht das Evangelienbuch hinhält, in dem die Worte aufgeschlagen sind: „Wer nicht allem entsagt, was er besitzt, kann nicht mein Jünger sein."

Das Antoniusbild ist wieder eine neue Abwandlung des schon so oft behandelten Themas von dem Jesuskind, das die Schar seiner Engelgespielen verläßt, um dem Mönch seine Liebe zu bezeugen. Es ist ebenso innig empfunden und noch vollendeter in der malerischen Wirkung wie jene älteren Darstellungen. In dem wunderbar ausdrucksvollen Kopf dieses Antonius hat Murillo wieder mit der höchsten Meisterschaft das lebenswahre Charakterbild eines von der Begeisterung der Jugend erfüllten Ordensmannes gegeben. Den Kapuzinern zuliebe, die im Gegensatz zu den übrigen Franziskanern den Bart wachsen lassen, hat er das Gesicht des Heiligen hier und in dem kleineren Bild des Hauptaltars mit einem Anflug von Bart versehen.

Auch der heilige Felix ist mit der Erscheinung des Jesuskindes dargestellt, die

Abb. 48. Der heilige Thomas von Villanueva als Almosenspender.
Altargemälde aus der Kapuzinerkirche, jetzt im Museum zu Sevilla.

Abb. 49. Der Apostel Jakobus der Ältere.
Im Museum des Prado zu Madrid.
(Nach einer Originalphotographie von J. Laurent & Cie. in Madrid.)

endlich verschieden von der Glut des Jünglings in dem Antoniusbild — zu ihr aufsicht, und der nicht wagt, seine derben Finger auch nur an das weiße Tuch zu legen, das dem zarten Kindeskörper untergebreitet ist (Abb. 46).

Alle diese Gemälde, die so überaus mannigfaltig in der Wirkung sind und von denen jedes einzelne ein Wunder der Malerei genannt werden kann, übertrifft an Größe und Schönheit der malerischen Wirkung das Bild, welches dem heiligen Thomas von Villanueva gewidmet ist.

Thomas von Villanueva († 1555) gehörte dem Augustinerorden an; auf den erzbischöflichen Stuhl von Valencia berufen, fuhr er fort wie ein armer Mönch zu leben und wendete sein ganzes Einkommen den Armen zu. Als Almosenspender ist er hier dargestellt. Er steht in einer schwarzen Mönchskutte, aber mit der weißen Bischofsmütze auf dem feinen, vornehmen Kopf, in einer Renaissancekirche, deren sonnig beleuchtete Architektur in der Tiefe des Bildes einen lichtgrauen Hintergrund bildet, während vorn Teile eines niedrigeren Einbaus mit einer von einem roten Vorhang umschlungenen Säule in tiefem Schatten liegen. Bettler aller Art umdrängen den Heiligen, der von einem Tischchen die zu verteilenden Silberstücke nimmt. Eben reicht er eine Münze einem halbnackten Lahmen, der auf den Knieen rutschend, den Beschauer seinen prächtigen braunen Rücken zeigt. Neben diesem hebt ein kränklicher Junge in zerlumpten Kleidern sein häßliches Gesicht mit dem stumpfen Ausdruck des gewohnheitsmäßigen Bettelns zu dem Geber

ihm zu teil wird, während er, der Arme, Nahrungsmittel zu noch Ärmeren trägt. Es ist Nacht. Am Horizont zeigt ein kleiner farbiger Streifen den ersten Beginn der Morgenröte, die im verschwimmenden Dämmerlicht einen von Bäumen eingefaßten endlos langen Weg mehr ahnen als sehen läßt. Auf dieser weiten Straße ist der alte Mann mit seinem Bettelsack dahergekommen, und nun sinkt er in die Kniee vor dem Wunder, das ihn überrascht. Die Finsternis des Himmels öffnet sich, Englein schlagen einen Wolkensaum auseinander, und wie ein farbenprächtiges Traumbild zeigt sich in einer Flut von Helligkeit die Mutter Gottes, mit dem Antlitz das Licht überleuchtend, welches sie goldig umstrahlt. Sie neigt sich freundlich herab und legt das Jesuskind auf die Arme des Alten, der mit einem Blicke namenloser Dankbarkeit — dieser Ausdruck des Greises ist unauf. Unter den weiter zurückstehenden Armen fällt ein Alter mit rotem Kahlkopf auf, der das empfangene Geldstück dicht vor die blöden Augen hält, um dessen Wert zu prüfen. Ganz vorn sitzen im Schatten, durch scharfe Randlichter von hinten beleuchtet, ein paar Kinder am Boden, ein Mädchen und ein vergnügter kleiner Junge, die mit der Ruhe der Gewißheit die ihnen zustehenden Gaben erwarten. — In aufs feinste abgewogenen Massen von Hell und Dunkel klingen die Töne von Schwarz, Grau, sparsam verteiltem Weiß, Braun, warmfarbigem Fleisch und verschiedenen Abstufungen von Rot zu unübertrefflicher Wirkung zusammen (Abb. 48). — Es wird berichtet, Murillo habe die für die Kapuzinerkirche gemalte Almosenspende „seine Leinwand" genannt, um damit auszudrücken, daß er diese Arbeit für seine bestgelungene halte. Vom malerischen Gesichtspunkt aus kann man hierin dem Maler nur beipflichten. Im vorigen Jahrhundert freilich bewunderte Raphael Mengs vor allen Werken Murillos einen Apostel Jakobus (im Madrider Museum, Abb. 49), vielleicht das einzige seiner Bilder, welches, trotz des Wertes des Ausdruckes in dem Kopf des nimmer rastenden und nimmer müden Wanderers, an einer gewissen akademischen Langweiligkeit leidet. Heute aber dürfte sich wohl kaum ein Maler der Ansicht verschließen, daß die Almosenspende des heiligen Thomas von Villanueva auch die berühmtesten Schöpfungen des Meisters in Bezug auf malerische Vollendung überbietet.

Die beiden aus der Augustinerkirche geretteten Gemälde des Museums zu Sevilla sind diesem Bild sehr ähnlich im Ton und wetteifern mit demselben in der Pracht der Wirkung. Beide stellen den heiligen Augustinus dar, in Anschauung von Erscheinungen, welche sich auf Stellen aus den Schriften des großen Kirchenlehrers beziehen. Hier reicht derselbe sein flammendes Herz dem Jesuskind dar, und dieses durchbohrt dasselbe mit dem Pfeil der Liebe. Dort offenbart sich ihm die heiligste Dreifaltigkeit.

Abb. 50. Die Heilung eines Lahmen durch einen Heiligen des Augustinerordens (Thomas von Villanueva?).
In der königl. Pinakothek zu München.
(Nach einer Originalphotographie von Franz Hanfstängl in München.)

Auguſtinus erſcheint als ein ſchwarzbärti-
ger und ſchwarzlockiger Mann in ſchwarzer
Gegenſatz verſchärft zwiſchen dem irdiſchen
Wirklichen und den himmliſchen Geſichten.

Abb. 51. Der heilige Bernhard von Clairvaux.
Im Muſeum des Prado zu Madrid.
(Nach einer Originalphotographie von J. Laurent & Cie. in Madrid.)

Tracht. Durch die Dunkelheit ſeiner Ge-
ſamterſcheinung wird der auch in der Mal-
weiſe mit höchſter Vollendung durchgeführte
Das Dreifaltigkeitsbild, wo der Heilige ſich
von den Büchern und Schriften, über denen
er als grübelnder Forſcher ſaß, plötzlich

umwendet, da ein aus den Himmelschören herabgestiegenes Engelkind seine Schulter berührt hat, und nun in der fernsten, hellsten Tiefe eines überirdischen Glanzes die Dreieinigkeit schauend erkennt, das ist vielleicht die großartigste unter den vielen Farbendichtungen Murillos, welche ein Hineintreten des Göttlichen in den Gesichtskreis eines Sterblichen behandeln.

Abb. 52. Der heilige Ildefons.
Im Museum des Prado zu Madrid.
(Nach einer Originalphotographie von J. Laurent & Cie. in Madrid.)

In die Reihe der für die Augustiner-

Abb. 53. Bildnis des Paters Cavanillas.
Im Pradomuseum zu Madrid.
(Nach einer Originalphotographie von Braun, Clément & Cie. in Dornach i. E. und Paris.)

ein paar lebhafte Farben — in der Gewandung Marias und im Futter des Chormantels — bilden auch hier einen wunderbaren Farbenklang, wenn auch die Wirkung nicht bis zu dem Maße von Vollkommenheit abgerundet erscheint, wie in den Augustinusbildern des Museums zu Sevilla.

Eine im Pradomuseum befindliche Vision des heiligen Franz von Assisi kann vielleicht einigermaßen eine Vorstellung davon gewähren, wie Murillo diesen Gegenstand in dem abhanden gekommenen großen Hauptbild der Kapuzinerkirche behandelt hat. Franciscus kniet vor dem Altar seiner Kapelle „Portiuncula" und sieht mit begeisterter Andacht und staunendem Entzücken auf die Erscheinung von Christus und Maria, die nebeneinander auf einer Wolke thronen. Zum Zeichen der ihm verliehenen besonderen Gnade werfen die Englein, welche die Erscheinung begleiten, Rosen auf ihn herab, was den kleinen munteren Wesen augenscheinlich großes Vergnügen bereitet. Wenn in diesem Gemälde so starke Mittel aufgeboten sind, um die Figuren herauszuheben, daß die Haltung der malerischen Gesamtwirkung darunter leidet, so muß man sich dieses daraus erklären, daß das Bild für eine schlecht beleuchtete Kirche bestimmt gewesen sein wird.

Diesen Schilderungen himmlischer Erscheinungen, in denen Murillo einzig war, schließen sich im Madrider Museum noch zwei sehr große an. Dem heiligen Bernhard, dessen weiße Cistercienserkleidung eine wieder ganz andersartige Wirkung in das Bild bringt, erscheint Maria mit dem Jesuskind in seiner Studierstube; der Kopf des

kirche gemalten Altarblätter gehört vermutlich auch das Prachtbild in der Münchener Pinakothek, welches die Heilung eines Lahmen durch einen mit der schwarzen Kutte bekleideten Heiligen darstellt (Abb. 50).

Auch das Pradomuseum zu Madrid besitzt ein prächtiges Augustinusbild, das sich jenen Verbildlichungen von Aussprüchen des Heiligen anschließt. Augustinus, hier mit einem goldgestickten bischöflichen Chormantel über der schwarzen Kutte bekleidet, sieht zu gleicher Zeit die Erscheinung des gekreuzigten Heilandes und der Mutter Maria, die von beiden Seiten Gnadenstrahlen nach seinem Haupt hinströmen lassen, so daß er „in die Mitte gestellt, nicht weiß, wohin sich wenden". Tiefes Schwarz und Goldtöne, dunkles und lichtes Grau und die duftig zarten Fleischtöne der Engel, dazu

Kreuzzugpredigers — eines Eiferers — gehört in die Reihe der meisterhaftesten Charakterköpfe Murillos (Abb. 51). Dem heiligen Ildefons (Erzbischof von Toledo) erscheint die Mutter Gottes in der Kathedrale und überreicht ihm ein himmlisches Meßgewand (Abb. 52).

Unter den kleineren Gemälden der Pradosammlung aus der Zeit von Murillos größter Meisterschaft mögen nur einige hervorgehoben sein, die zugleich geeignet sind, von der Mannigfaltigkeit seiner Darstellungsweise eine Anschauung zu gewähren.

Bildnisse hat Murillo nur sehr selten gemalt. Hier ist dasjenige des Barfüßerpaters Cavanillas (Abb. 53), das uns einen der charaktervollen spanischen Mönchsköpfe zeigt, unter denen Murillo, mit allen befreundet, seine Modelle auswählen durfte. Eine gesunde Gesichtsfarbe, braunes Haar, graubraune Kutte, eine graublaue Luft, deren Ausdehnung eingeschränkt wird durch ein Stückchen graugrünes Hochland und das saftige Grün einer kletternden Rebe am Bildrand: das sind die Bestandteile, aus denen sich eine feine und zugleich kräftige Farbenharmonie zusammensetzt.

Diese im wesentlichen auf dem Gegensatz von Braun und Blau beruhenden Farbenstimmung erscheint in der denkbar höchsten Schönheit in einem unter Lebensgröße ausgeführten Bild des heiligen Franz von Paula. Der alte Einsiedler, ein schlichter Mann mit treuherzigem Greisenkopf, in eine dunkelbraune Kutte gekleidet, kniet betend im freien Feld, den Kopf mit einer für alte Leute bezeichnenden Seitenbewegung nach oben gewendet, die Hände auf die Krücke des Wanderstabs gelegt. Er ist wohl auf der weiten Reise zu dem französischen König Ludwig XI begriffen, der ihn zu sich berief. Weithin dehnt sich die bergige Landschaft aus, in der Ferne duftig verschwimmend. Darüber spannt sich ein dunkelblauer südlicher Himmel aus, den weiße Sommerwolken durchziehen. Dieses mit der größten Leichtigkeit und Schnelligkeit gemalte Bild entfaltet in seiner außerordentlichen Einfachheit einen Farbenreiz, der es neben die besten Schöpfungen des Meisters stellt.

Ganz anders gestimmte, weichere Farbentöne im Verein mit einer sehr kräftigen, Licht und Schatten scharf voneinander scheidenden Beleuchtung verleihen dem Bild der Büßerin Magdalena (Abb. 54) einen

Abb. 54. Die büßende Magdalena. Im Pradomuseum zu Madrid.
(Nach einer Originalphotographie von Braun, Clément & Cie. in Dornach i. E. und Paris.)

eigentümlich fesselnden Reiz. Die Gestalt hebt sich von einem lichtlosen grauen Felsen ab. Das Fleisch leuchtet in einem feinen Silberton so hell, daß die weißen Blätter des aufgeschlagenen Buches kaum mehr Licht haben, in den Schatten spielen warmgoldige Reflexe; das über Schultern und Brust herabwallende Haar ist dunkelblond; an den Knieen wird ein Stück von der grauen Fellbekleidung sichtbar; darüber ist ein Gewand von rötlich-violetter Farbe geschlagen, einer Farbe, welche den gelben Totenschädel durch die Kraft des geraden Gegensatzes hervorhebt.

Eine ergreifende Stimmung liegt in dem Bild des Gekreuzigten (Abb. 55). Der Gedanke — den Dürer vielleicht als einer der ersten hatte —, die Gestalt des Heilands am Kreuz ganz allein, ohne Bezugnahme auf den geschichtlichen Hergang, ganz hell auf ganz dunklem Grunde, als das Licht in der Finsternis zu malen, wurde im XVII. Jahrhundert sehr häufig verwertet. Aus dem Bilde Murillos spricht ein viel tieferes, aufrichtigeres Gefühl, als aus den berühmten Gemälden von Rubens und van Dyck. Das malerisch Eigenartige liegt darin, daß innerhalb des starken Gegensatzes von Hell und Dunkel die Farbentöne in einer weichen Stimmung gehalten sind. Auch die malerische Behandlung ist, unbeschadet der Bestimmtheit der Formen, ganz weich. Das Dunkel des schwarzgrauen Himmels ist an zwei Stellen farbig belebt: unten lagert ein fahler, gelblicher Schein über dem Horizont, und oben flimmert eine unbestimmte bläuliche Helligkeit um den rechten Arm und die Schulter des Erlösers.

Ein großer Farbenreichtum, in ganz heller, freundlicher Stimmung zusammengehalten, zeichnet das Bild aus, welches den beliebten Gegenstand der Unterweisung der heranwachsenden Jungfrau Maria durch ihre Mutter behandelt (Abb. 56). Die heilige Mutter Anna trägt ein bräunliches Kleid, das, unten und an den Ärmeln aufgeschlagen, sein grünes Futter und ein graues Unterkleid sehen läßt; über ihrem Schoß liegt ein dunkelgelber Überwurf, und ein dünnes Schleiertuch von heller, gelblich-grauer Farbe umrahmt das wohlwollende ältliche Gesicht. Der Schemel, auf dem sie sitzt, ist mit einem roten, goldverzierten Kissen belegt. Ein neben ihr stehender großer Arbeitskorb, aus dem zwischen weißem Leinen ein gelblich-rotes Nähkissen hervorsieht, bekundet, daß über dem Religionsunterricht die häusliche Arbeit nicht vernachlässigt wird. Die kleine Maria, die mit so klugen Kinderaugen fragt und so verständig und aufmerksam auf die freundlich gegebene Belehrung horcht, trägt ein helles Kleid von jener rötlich-violetten, ins Gelblichweiße schillernden Farbe, die Murillo schon in früheren Bildern gern anwendete; das über ihren Arm geschlagene und auf dem Boden herabhängende Tuch ist kräftig blau; das Kleid und das lichtbraune Haar sind nach der Sitte von Murillos Zeit mit roten Schleifchen geschmückt. Die Englein, die in einem goldumsäumten Nebel über das Geländer der Hausterrasse hereinflattern, sind rosig-goldige Duftgebilde; in dem Gewandstreifchen und den Flügeln kehren auch hier ein paar kleine lebhafte Farben wieder, rosa und blau. Der Kranz aus weißen und roten Rosen, den die Englein dem Kind aufsetzen, bedeutet die Freuden und Schmerzen, welche der zukünftigen Mutter des Erlösers bevorstehen.

Die Krone von allen Gemälden Murillos im Pradomuseum ist das entzückende Kinderbild, das unter dem Namen: „Die Kinder mit der Muschel" bekannt ist (Abb. 57). Der kleine Johannes kniet am Ufer eines Baches vor dem kleinen Jesus, der ihm aus einer Muschelschale Wasser zu trinken giebt — eine sinnbildliche Darstellung in dem Gewande kindlichen Spiels. Das ganze Bild ist Licht und Duft. Alles schimmert in einem leuchtenden Goldton, der auch die ihm scheinbar widerstreitenden Töne — das rötliche Violett des Mäntelchens, das um die Hüften des Christuskindes geschlungen ist, und das unter der Engelwolke sichtbar werdende Lichtblau der Luft — zart überhaucht und wie ein durchsichtiges Geflimmer vor den Dunkelheiten liegt. Es ist ein malerischer Reiz von unendlicher Feinheit, der die liebliche Darstellung verklärt.

Am weitesten berühmt ist ein Bild der unbefleckten Empfängnis, das am spätesten entstandene unter vier an Reizen sich gegenseitig überbietenden Gemälden des gleichen Inhalts, die im Pradomuseum vereinigt sind. Von diesen vier Bildern weicht eines (Abb. 58) durch die ungewöhnliche Fassung

Abb. 55. Christus am Kreuz. Im Museum des Prado zu Madrid.
(Nach einer Originalphotographie von Braun, Clément & Cie. in Dornach i. E. und Paris.)

in eine Halbfigur von den sonstigen Darstellungen ab; der Kopf, mit sehr heller, wird. Ein anderes, das in verhältnismäßig kräftigen Farben gehalten ist, zeigt

Abb. 56. Die heilige Anna mit der Jungfrau Maria. Im Pradomuseum zu Madrid.
(Nach einer Originalphotographie von Braun, Clément & Cie. in Dornach i. E. und Paris.)

rosiger Haut und dunkelbraunem Haar, gleicht hier demjenigen in Sevilla, der als Bildnis der Tochter des Meisters bezeichnet die Jungfrau in noch kindlicherer Bildung als ein etwa zwölfjähriges, blondhaariges und braunäugiges Mädchen, das mit gefaltet vorgestreckten Händen in einem Kranz von entzückenden Englein schwebt (Abb. 59). Das dritte, in kleinerem Maßstab ausgeführt, ist diesem in der ganzen Anordnung und in der Hauptfigur ähnlich, besitzt aber in seiner weicheren Stimmung mit den in den goldigen Schein nur hingehauchten Lichtgebilden der Cherubimköpfchen und den wie hingestreute Rosen wirkenden Engelkindern auf der von Goldlicht durchschimmerten Wolke einen noch feineren Farbenreiz. Jenes am meisten gefeierte (Abb. 60) ist das duftigste von allen. Das sonnig lichte Gewölk ist mehr bläulich als grau, nur im Schatten der Untersicht wird es dunkelgrau. Der die Gestalt der Jungfrau umgebende Goldton reicht nicht weiter hinauf, als das Blau des Mantels, zu dem er in einer ebenso feinen Gegensatzwirkung steht, wie unten das warme Fleisch der Engel zu dem kühlen Ton der Wolke; der Kopf Marias hebt sich mit seinem blonden Haar gegen einen bläulich-weißen leuchtenden Strahlenschein ab. Ähnlich wie in jenem Bild aus der Franziskanerkirche zu Sevilla geht ein Zug der Aufwärtsbewegung durch das Bild. Aber nicht auf göttliche Hoheit, sondern auf die Entfaltung der höchsten Anmut und Holdseligkeit hat der Künstler hier den Hauptwert gelegt. Dieser Kopf ist das Vollkommenste, was Murillo sich von jungfräulicher Frauenschönheit denken konnte. Marias Blicke sind nach der Höhe der Unendlichkeit gerichtet, sie schaut das Ewige, Unbegreifliche. Ein geheimnisvoller Schauer durchbebt ihre Gestalt, ihre Hände pressen sich auf der Brust übereinander. Dieses Kreuzen der Hände über der Brust paßt zu dem Aufwärtsschauen, wie zu dem demütigen Senken der Augen die gefalteten Hände.

Abb. 57. Die Kinder Jesus und Johannes. Im Pradomuseum zu Madrid.
(Nach einer Originalphotographie von Braun, Clément & Cie. in Dornach i. E. und Paris.)

Die Entstehungszeit dieses Gemäldes läßt sich mit ziemlicher Sicherheit danach bestimmen, daß der Kopf Marias eine große Ähnlichkeit besitzt mit einem ebenso berühmten Bild im Louvre, welches Murillo im Jahre 1678 malte (Abb. 61). Nur ist In der Gestalt Marias ist hier weniger Bewegung. Die Jungfrau ist in feierlicher Ergriffenheit in die Anschauung der Gottheit verloren. Um so lebendiger ist die Bewegung in der endlosen Schar der Engelchen, die sie mit festlichem Jubel umschwär-

Abb. 58. Die unbefleckte Empfängnis. Im Pradomuseum zu Madrid.

das Blond des Haares hier dunkler, entsprechend der kräftigeren Stimmung des ganzen, bedeutend umfangreicheren Gemäldes. Der Goldschein ist hier weit ausgedehnt, er tritt wolkig aus dem umgebenden Himmelsblau hervor, verdichtet sich unter den Füßen Marias zu einer körperhaften Wolke, die rechts ihren tiefen Schatten hat, und verflüchtet sich nach unten links zu einem blau=silbernen Dunstschleier.

men. — Murillo malte dieses Bild, eines seiner letzten Werke, für ein Hospital zu Sevilla. Bei der Ausraubung der Klöster im Jahre 1810 nahm Marschall Soult, der ein gutes Kunstverständnis gehabt haben muß, dasselbe für sich in Beschlag. Bei der Versteigerung von dessen Nachlaß im Jahre 1852 erwarb Napoleon das Bild um den Preis von 615 300 Francs für die Louvresammlung. Seit den Zeiten, wo

Abb. 59. Die unbefleckte Empfängnis.
Im Pradomuseum zu Madrid.
(Nach einer Originalphotographie von J. Laurent & Cie. in Madrid.

Abb. 60. Die unbefleckte Empfängnis. Im Pradomuseum zu Madrid.
(Nach einer Originalphotographie von Braun, Clément & Cie. in Dornach i. E. und Paris.)

Abb. 61. Die unbefleckte Empfängnis. Im Museum des Louvre zu Paris.
(Nach einer Originalphotographie von Braun, Clément & Cie. in Dornach i. E. und Paris.)

römische Cäsaren abenteuerliche Summen aufwendeten, um die alten Meisterwerke hellenischer Kunst aus dem Besitz griechischer Städte und Tempelgemeinden in die kaiserlichen Sammlungen der Welthauptstadt zu bringen, war es nicht mehr vorgekommen, daß für ein Gemälde eine so hohe Summe verausgabt wurde. In unseren Tagen sind freilich schon zweimal noch höhere Preise bezahlt worden (für Meissoniers Kürassiere und Millets Abendläuten).

Abb. 62. Jesus und Maria mit Elisabeth und Johannes.
Im Museum des Louvre zu Paris.

Das Louvremuseum besitzt noch ein anderes großes Meisterwerk Murillos, das der Immaculata mindestens ebenbürtig ist. Dasselbe führt in sehr unzutreffender Weise die Bezeichnung einer heiligen Familie; es ist vielmehr eine Verbildlichung der heiligen Dreifaltigkeit (Abb. 62). Jesus Christus steht als Kind auf dem Schoße Marias und nimmt das Zeichen seines Opfertodes aus der Hand des kleinen Vorläufers, den seine Mutter Elisabeth begleitet, entgegen. Über dem Jesuskind schwebt der heilige Geist in Gestalt einer Taube, und ganz oben breitet Gott Vater segnend die Arme aus. Durch die Schönheit des kühlen, leuchtenden Gesamttons, innerhalb dessen sich die reichste Farbenwirkung entfaltet, gehört dieses Bild zu den malerisch vollkommensten Schöpfungen Murillos.

In der Reihe der vorzüglichsten Werke des Meisters steht noch eine Anzahl von Madonnenbildern, die nach verschiedenen Orten zerstreut worden sind. Italien besitzt neben der bereits erwähnten Corsinimadonna in Rom (Abb. 39) das schöne, schwermütige, mit kräftigen Farben aus tiefdunklem Grunde hervortretende Marienbild des Pittipalastes zu Florenz (Abb. 63); England das herrliche Rosenkranzbild der Dulwichgalerie, das die Jungfrau mit dem Kinde, erhaben und holdselig zugleich, in lichter Wolkenhöhe thronend zeigt (Abb. 64); Holland eine nicht minder liebenswürdige Madonna in der königlichen Gemäldesammlung im Haag. Vielleicht das allerschönste aber von Murillos Madonnenbildern ist das früher im Palast San Telmo (Montpensier) zu Sevilla, jetzt im Besitz des Prinzen Anton von Orléans-Bourbon befindliche Gemälde, welches unter dem Namen „die Jungfrau mit dem Wickelband" (de la faja) bekannt ist (Abb. 65). Maria ist hier als die irdische Mutter aufgefaßt. Sie ist damit beschäftigt, das auf ihrem Schoße liegende Kind mit Windeln zu umhüllen; neben ihr liegt das Wickelband. Aber zu den Seiten der so anmutig menschlichen Mutter spielen himmlische Engel dem Kind auf Laute und Geige das Schlummerlied, und kleine Cherubim schauen vergnügt aus den Wolken herab.

Murillo hatte das sechzigste Lebensjahr überschritten, als er sich entschloß, einem von auswärts an ihn gerichteten Ersuchen zu entsprechen und die Ausführung der Hochaltargemälde in der Kapuzinerkirche zu Cadiz zu übernehmen. Es war, soviel man weiß, das erste und einzige Mal seit der Jugendreise nach Madrid, daß er seine Heimat verließ. Dieses Altarwerk ist unzerstört geblieben; es befindet sich in der an einem Platz an der See gelegenen Kirche des jetzt in ein Irrenhaus umgewandelten Klosters an seiner ursprünglichen Stelle (Abb. 66). Man kann sich nach ihm eine Vorstellung davon machen, wie das allerdings aus einer größeren Anzahl von Gemälden zusammengesetzte Altarwerk zu Sevilla sich aufgebaut hat. Es sind sechs Bilder, welche, durch Rahmen voneinander getrennt, die ganze Wand oberhalb des Altartisches ausfüllen. Ein großes viereckiges Mittelbild ragt bis weit in den Rundbogen hinein, mit dem die Wand unter das Gewölbe tritt; da die Kirche auf den Namen der heiligen Katharina geweiht ist, wurde hierfür der Stoff aus deren Legende gewählt. Der über diesem Bild verbleibende, oben von einem Bogenabschnitt begrenzte Raum enthält eine Darstellung von Gott Vater, der segnend zwischen Engeln erscheint. Die seitlichen Felder, jedes ungefähr halb so breit wie das Mittelstück, sind an der Stelle quer geteilt, wo die äußere Gesamteinfassung aus der Senkrechten in die Rundung des Bogens übergeht. In den unteren, hoch viereckigen Abschnitten sind einerseits der heilige Joseph mit dem Kinde Jesu, andererseits der heilige Franciscus mit dem gekreuzigten Heiland dargestellt. In den oberen, von der Linie des ansteigenden Bogens in die Gestalt eines unregelmäßigen Dreiecks gebrachten Abschnitten erscheinen die Erzengel Michael und Raphael, dieser ein Kind geleitend, jener den bösen Feind niedertretend. — Murillo begann das Werk mit dem Hauptbild (Abb. 67). Den Inhalt desselben gab die für bildliche Darstellungen sehr beliebte Erzählung der mittelalterlichen Legende, wie der alexandrinischen Jungfrau, nachdem sie das Christentum angenommen, das Jesuskind erscheint, um ihr durch Anstecken eines Ringes zu erklären, daß sie nunmehr seine Braut geworden sei. Der Meister hat hier wieder eines seiner zauberhaftesten Lichtgedichte geschaffen, groß und lieblich. In einen hohen Säulenbau flutet ein aus dem dunkelgoldigen in einen hellsilberigen Ton übergehender Lichtnebel, angefüllt mit körperlosen Englein, und entwickelt sich unten, dicht über dem Marmorboden der Halle, zu einer Wolke, auf welcher die Jungfrau Maria mit dem göttlichen

Abb. 63. Madonna. In der Sammlung des Palastes Pitti zu Florenz.
(Nach einer Originalphotographie von G. Brogi in Florenz.)

Kinde sitzt. Das helle und doch kräftige Rot und Blau ihrer Kleidung heben sich prächtig ab von dem Silberton und verbinden sich mit dem ebenso kräftigen Gelb der Gewandung eines hinter ihr stehenden einen Mantel von Goldbrokat. Große Engel mit farbigen Gewändern und Fittichen — in den Köpfen Abbilder andalusischer Mädchen — stehen auf beiden Seiten. Aus dem Lichtgewölk lösen sich, etwas körperhafter

Abb. 64. Die Jungfrau mit dem Rosenkranz. In der Dulwichgalerie in London.
(Nach einer Originalphotographie von Gray & Davies in Bayswater.)

Engels zum vollen Dreiklang der Hauptfarben. Den Helligkeitsmittelpunkt des Gemäldes bildet das Jesuskind, vor dem Katharina, liebenswürdig mädchenhaft in Haltung und Ausdruck, kniet und ihm die Hand entgegenhält. Die junge Heilige trägt ein weißes, lilafarbig schillerndes Kleid und hervortretend als ihre Gefährten, zwei allerliebste Kinderengel, die über Katharina die Blumenkrone der Jungfräulichkeit und den Palmenzweig des Märtyrertums halten. Fremdartig und hart stehen in dem zarten Duft des Gemäldes zwei andere Kinderengel, welche den auf den Fußboden herab-

Abb. 65. Madonna, zubenannt mit dem Wickelband (de la faja).
Im Besitz des Prinzen Don Antonio zu Madrid.
(Nach einer Originalphotographie von J. Laurent & Cie. in Madrid.)

Abb. 66. Der Hochaltar in der Kirche des ehemaligen Kapuzinerklosters zu Cadiz.
(Nach einer Originalphotographie von J. Laurent & Cie. in Madrid.)

hängenden Mantel Marias aufheben: hier hat eine fremde Hand ergänzt, was der Meister selbst nicht mehr malen konnte.

Murillo zog sich, als das Hauptbild bis auf weniges fertig war, durch einen Sturz vom Gerüst derartige Verletzungen zu, daß er die Arbeit aufgeben und sich nach Sevilla zurückbringen lassen mußte. Die Vollendung des Altarwerkes in Cadiz blieb Schülerhänden überlassen. Sicher lagen zu den Nebenbildern Entwürfe und Farbenskizzen von der Hand des Meisters

Abb. 67. Die Verlobung der heiligen Katharina.
Mittelbild des Altarwerkes in der Kapuzinerkirche zu Cadiz.
(Nach einer Originalphotographie von J. Laurent & Cie. in Madrid.)

vor. Der Schüler, der sie ausführte, hat sich auch redlich bemüht, seine Malerei nach der Harmonie des Mittelbildes zu stimmen; in den beiden unteren Bildern hatte auch vielleicht der Meister schon den Ton angegeben. Aber trotzdem läßt der unendlich weite Abstand zwischen der eigenhändigen und der Schülerarbeit sehr deutlich sehen, wie unmöglich es für einen anderen — mochte derselbe noch so vertraut sein mit dem Handwerksverfahren des Meisters — war, sich in dessen feine Farbenempfindung hineinzufühlen.

Murillo erwartete den Tod. In seiner Pfarrkirche zum heiligen Kreuz — in der Nähe der Kathedrale — saß er manchmal stundenlang vor dem Altar einer Kapelle, in welcher ihm das Grab bereitet werden sollte, und betrachtete das alte Bild über dem Altar. Dieses Bild ist noch vorhanden, es befindet sich jetzt in der großen Sakristei der Kathedrale. Es ist ein im Jahre 1548 gemaltes Werk des Brüsseler Meisters Peter von Kempen, den die Spanier Piedro Campaña nannten, eine lebensgroße Darstellung der Kreuzabnahme; ein, trotz der Aufnahme italienischer Formengebung, in der Farbe noch ganz altflandrisch empfundenes Bild, malerisch, stimmungsvoll und ergreifend, ganz dazu angethan, daß ein Maler sich in seinen Anblick vertieft. Die altertümliche Malweise und die ganze Auffassung des Niederländers, der auch in der Zeichnung des Christuskörpers noch an der harten Formensprache seiner Vorfahren festgehalten hat, sind ja von der Art und Weise Murillos so verschieden wie nur möglich. Aber in einem mußte Murillo eine Geistesverwandschaft fühlen: in der Wahrhaftigkeit, mit welcher der alte Maler, noch nicht angekränkelt von der Künstelei und Berechnung des Manierismus, Selbstempfundenes, und in tiefster Seele Empfundenes, in seiner eigenen Ausdrucksweise ehrlich ausspricht. Auch Murillo hat in seinen Bildern frisch vom Herzen weg gesprochen; was er an himmlischen Wundern und Erscheinungen in seinem Innern gestaltete, bis es wie ein Lebendiges vor seinem geistigen Auge stand, hat er mit derselben Ehrlichkeit abgemalt, mit der er die Erscheinungen der Wirklichkeit, die sein Malerauge reizten, wiedergab. Die künstlerische Wahrhaftigkeit ist das Geheimnis, welches die Würdigung der Werke Murillos unabhängig macht von den Zufälligkeiten der Zeit, des Landes und der religiösen Richtung, welchen sie angehören, und zwar voll und ganz angehören.

Auf die Frage, warum er sich von jenem Bild nicht trennen könne, antwortete Murillo, er wolle warten, bis die heiligen Männer dort den Heiland heruntergelassen hätten. Er wartete darauf, daß die Arme des Erlösers, die in dem Bilde sich ausgebreitet vom Kreuz herabsenken, ihn umfangen sollten. Er starb am 3. April 1682.

Die Stadt Sevilla hat ihm vor der Kunstakademie, die von ihm begründet wurde und die das Museum einschließt, welches seine besten Werke bewahrt, ein stattliches Standbild errichtet. Sein Grab ist verschwunden; es ist mit der alten Pfarrkirche zum heiligen Kreuz ein Opfer der Verwüstungen des Jahres 1810 geworden.